님의 沈默
(定本)

萬海記念館

스토리가 있는
만해 기념관

전보삼 지음

스토리가 있는 만해기념관

초판 1쇄 발행 2024년 5월 31일

지은이. 전보삼
펴낸이. 김태영

씽크스마트 책 짓는 집
경기도 고양시 덕양구 청초로 66
덕은리버워크 지식산업센터 B동 1403호
전화. 02-323-5609

홈페이지. www.tsbook.co.kr
블로그. blog.naver.com/ts0651
페이스북. @official.thinksmart
인스타그램. @thinksmart.official
이메일. thinksmart@kakao.com

ISBN 978-89-6529-390-3 (03810)
ⓒ 2024 전보삼

이 책에 수록된 내용, 디자인, 이미지, 편집 구성의 저작권은 해당 저자와 출판사에게 있습니다. 전체 또는 일부분이라도 사용할 때는 저자와 발행처 양쪽의 서면으로 된 동의서가 필요합니다.

• **씽크스마트** - 더 큰 세상으로 통하는 길

'더 큰 생각으로 통하는 길' 위에서 삶의 지혜를 모아 '인문교양, 자기계발, 자녀교육, 어린이 교양·학습, 정치사회, 취미생활' 등 다양한 분야의 도서를 출간합니다. 바람직한 교육관을 세우고 나다움의 힘을 기르며, 세상에서 소외된 부분을 바라봅니다. 첫원고부터 책의 완성까지 늘 시대를 읽는 기획으로 책을 만들어, 넓고 깊은 생각으로 세상을 살아 갈 수 있는 힘을 드리고자 합니다.

• **도서출판 큐** - 더 쓸모 있는 책을 만나다

도서출판 큐는 울퉁불퉁한 현실에서 만나는 다양한 질문과 고민에 답하고자 만든 실용교양 임프린트입니다. 새로운 작가와 독자를 개척하며, 변화하는 세상 속에서 책의 쓸모를 키워갑니다. 흥겹게 춤추듯 시대의 변화에 맞는 '더 쓸모 있는 책'을 만들겠습니다.

• **천개의마을학교** - 대안적 삶과 교육을 지향하는 마을학교

당신은 지금 무엇을 배우고 싶나요? 살면서 나누고 배우고 익히는 취향과 경험을 팝니다. 〈천개의마을학교〉에서는 누구에게나 학습과 출판의 기회가 있습니다. 배운 것을 나누며 만들어진 결과물을 책으로 엮어 세상에 내놓습니다.

자신만의 생각이나 이야기를 펼치고 싶은 당신.
책으로 사람들에게 전하고 싶은 아이디어나 원고를 메일(thinksmart@kakao.com)로 보내주세요.
씽크스마트는 당신의 소중한 원고를 기다리고 있습니다.

스토리가 있는

만해 기념관

전보삼 지음

추천사

만해 정신
그 실천 선양의 긴 여정

김종규
한국박물관협회 상임고문

전 박사가 스토리가 있는 만해기념관, 즉 만해기념관 자료 수중기의 책자 발간을 위하여 추천사를 부탁하였다. 청탁을 받고 보니 전 박사의 한결같은 만해 사랑 정신에 감동하여 함께했던 긴 역사의 실타래를 풀어 놓을 수밖에 없었다.

전 박사와의 만남도 오래된 이야기가 되었다. 70년대 초부터 효당 최범술 스승 밑에서 함께 모여 불교와 전통 차에 대하여 동문수학한 동지다. 그때나 지금이나 늘 긍정적이고 대안을 잘 제시하는 젊은 교수였던 전박사와 나는 지나온 50년의 긴 세월만큼 긴 인연을 갖고 있다.

대학교수 재임 시절에 전 박사는 학자로서뿐만 아니라 뛰어난 행정가로도 활약했다. 신구대학 설립자 이종익 학장에게 발탁되어 연구와 강의, 그리고 대학 행정의 중책을 맡아 나룻배 역할을 하였다. 그는 학자로서 초지일관 만해 한용운 연구에 몰입했다. 그가 쓴 몇 권의 저술과 50여 편의 만해 학술 연구논문이 이를 입증하고 있다. 또한 그는 80년대 중반 학생 운동의 파고가 높았을 때 학생들의 무절제한 요구를 학교 수준에서 실현 가능하도록 조화로 이끈 뛰어난 행정가였다.

전 박사는 만해에 대한 연구를 학문 수준에서 더 나아가 우리 삶 속에 더욱 가까이 할 수 있도록 만해정신의 실천 선양에 매진하였다. 만해 한용운 탄생 100주년을 맞아 만해사상연구회를 발족하고 기념논총집을 발행하였다. 그 후 성북동 심우장을 만해기념관으로 1981년부터 개관하여 운영하고 남한산성으로 옮겨 재개관(1990년 5월)하며 묵묵히 만해 사랑의 길을 걸었다. 또한 박물관 운영에 어려움을 겪는 후배들에게는 박물관 등록을 안내하며 함께 성장하는 도반이 되어 주었다. 그 후 (사)경기도박물관협의회장, (사)한국사립박물관협회장, (사)한국박물관협회회장, 경기도 박물관장 등을 역임하는 동안 많은 업적을 남기며 박물관 행정 선진화에 앞장섰다.

만해 연구에 일평생을 바치며 살아있는 박물관을 만들기 위해 힘쓴 전 박사의 자료 수증기를 책으로 만날 수 있다니 참으로 고맙고 반가운 일이 아닐 수 없다. 만해기념관 자료 수증기의 한 점 한 점에 얽힌 일화는 독자들에게 큰 감동으로 다가올 것이다. 이러한 스토리를 엮은 이 책은 소중한 기록을 우리와 함께 공유할 수 있는 좋은 선례로 남을 것이다.

전 박사는 호칭도 다양하다. 철학박사, 대학교수, 만해기념관 관장, 박물관협회 회장, 문체부 문학진흥정책위원회 위원장, 남한산성을 사랑하는 모임의 명예회장, 등 다양한 활동의 중심에 늘 전 박사가 있었다는 증거다. 그는 늘 이야기 즉 스토리를 몰고 다니는 탁월한 안목의 소유자다. 이 책도 그러한 그의 삶의 궤적에서 태어난 소산으로 본다. 아무쪼록 독자들의 호평이 있기를 기대한다.

2024년 3월 1일

인사말

전보삼
만해기념관장

 금년은 만해기념관이 개관 40주년을 맞이한 해다. 오랜 세월 기념관을 운영하면서 관람객들에게 자료수집 경위를 설명하고 그 내용과 가치, 더불어 전시와 교육프로그램에서의 활용을 알려주면 모두 큰 감동을 느낀다.

 기념관의 자료 스토리는 전시관을 더욱 돋보이게 만드는 생명이다. 그러므로 이 뜻을 담아 40주년을 기념하기로 하였다.

 지금까지 이곳저곳에 발표했던 자료 수집기를 정리하던 중 "차의 세계"에 집중적으로 연재했던 '다향선미 - 만해기념관 자료 수집기' 30회를 스토리텔링 책자로 엮는 것이 좋겠다는 결론에 따라 이 작은 책자를 펴내기로 했다.

첫째, 자료 발견의 큰 기쁨과 수집에 얽힌 밀고, 당긴 이야기 등의 소장경위.

둘째, 자료의 핵심 내용과 가치를 소상히 설명하여 많은 사람과 함께 그 가치를 나누는 일.

셋째, 전시장에서 또는 교육프로그램으로 활용되는 내용 등을 실었다.

박물관에는 많은 자료가 전시되어 있다. 그 가치와 내용을 전달하기 위해 설명 문구를 붙여 놓았지만 큰 감동이 없었다. 어떻게 하면 좀 더 재미있고 신나게 접근할 수 있을까 고민하던 중 SNS를 활용해보자는 대안이 떠올랐다. 유튜브를 통해 유물들이 '나요, 나요' 하면서 관람객들에게 자신의 존재를 알리는 것이었다. 그리하여 이 책자에 실린 이야기를 영상으로 제작하고 유튜브 채널을 운영하게 되었다. 전시 환경과 관람문화를 바꾸는 데 매우 중요한 요소였다.

박물관은 자료의 존재 가치뿐만 아니라, 활용 가치를 더욱 강조하는 환경을 조성한다면 자료 하나하나는 살아 있는 생명체가 되어 우리에게 말을 걸어 올 것이다. 그리고 자료들이 관람자를 만나 의미를 만들며 하나가 될 것이다. 나아가 문화와 우리 삶이 하나 되는 그 길에서 생명의 소중한 가치도 실현될 것이다.

이 작은 책자가 많은 박물관의 자료들이 독자와 하나 되는 길을 제시하였다면 필자의 광영이 그보다 클 수 없을 것이다. 독자들의 많은 고언을 기다리며

2024년 3월 1일

차례

추천사 • 004
김종규(한국박물관협회 상임고문)

인사말 • 007
전보삼(만해기념관장)

1장 만해의 나라사랑 정신

만해 한용운 선사! 그 웅지를 영원의 지표로 삼자 016

만해기념관 뜰에 핀 '만해 무궁화' 023

3월이 오면 가장 먼저 생각나는 030
「조선 독립에 대한 감상의 개요」 만해 친필 자료

만해의 한글 사랑 이야기, 하나 036

만해의 한글 사랑 이야기, 둘 043

2장 만해 세계와 소통하다

만해 한용운의 세계인식이 담긴 지리서 『영환지략瀛環志略』 052

동·서 비교 철학의 새 문을 연 『음빙실문집飮氷室文集』 059

화엄이란 '월남 망국越南亡國'의 역사 회복이니라 066

3장 만해 저슬로 세상을 일깨우다

새벽을 알리는 닭 울음소리 『조선불교유신론』　074

그리운 석주 스님과 『불교 대전』　080

3·1운동의 전위지 『유심』　086

삶의 지혜가 담긴 영원한 고전 『정선강의 채근담採根譚』　092

선의 묘리를 파헤친 『십현담주해十玄談註解』　098

사랑의 증도가 『님의 침묵』　104

선의 종풍을 활화산처럼 타오르게 한 『경허집鏡虛集』　111

4장 만해와 제자들

만해선사와 경봉스님의 아름다운 만남　120

만해의 옥중시, 석주스님의 묵서로 다시 피웠네!　126

효당 최범술 스승의 차시 병풍　133

구름에 용이 나는 만해 한용운의 기상 조종현외 시　139

독립운동가 일강 신하수선생의 친필 『채근담』 서문과 『조선상고문화사』　145

5장 만해가 우리에게 남긴 유산

만해 한용운 선사 초상화眞影로 나투다 154

만해 매화첩으로 피어나다 160

만해 약전에 얽힌 망우리 만해 묘비석 이야기 167

『한용운 전집』과 차시茶詩 173

『한용운전집』 보유 증보판 발행기 179

정본 『님의 침묵』 발행기 185

북향집 심우장에 만해기념관 문을 열다 191

남한산성 만해기념관 완공이야기 198

나는 왜 만해기념관을 만들었나 204

6장 대한민국이 만해 한용운에게 헌정하다

대한민국 건국 최고훈장 "대한민국장" 214

7장 체·상·용으로 본 만해 자료 수증기

대담 – 전보삼(만해기념관장), 박정진(차의세계 편집주간) 222

만해기념관에서 한용운을 만나다

만해기념관 자료 수증기

1장

만해 한용운 선사! 그 웅지를 영원의 지표로 삼자

만해기념관 뜰에 핀 '만해 무궁화'

3월이 오면 가장 먼저 생각나는
「조선 독립에 대한 감상의 개요」 만해 친필 자료

만해의 한글 사랑 이야기, 하나

만해의 한글 사랑 이야기, 둘

만해의 나라사랑 정신

만해 한용운 선사!
그 웅지를 영원의 지표로 삼자

나의 대학 생활은 자유분방하고 활달하였다. 공과대학 화공과에 입학했지만 전공 공부보다는 만해사상에 심취하였고 선(禪)[1]의 세계에 깊이 빠져들었다. 기술인은 조국 근대화의 기수旗手라고 외치던 시절인데도 어떻게 사는 것이 행복인가를 깊이 고민하였다.

1971년 대학 2학년이 되었다. 건축공학과 신입생 최 00 군을 만나면서 같은 불자 대학생으로서 자주 토론하는 시간을 가졌다. 둘의 만남은 훗날 선지식(善知識)이란 모임으로 발전하였다. 이듬해 새 학기가 시작되자 공식적으로 한양대학교 불교학생회를 조직하고 신입회원을 모집하였다. 한양대 불교학생회의 초대 회장으로 필자가

---

1 선(禪) : 마음을 한곳에 모아 고요히 생각하는 불교의 실천 수행법.

선출되었고 그 후에 최군에게 2대 회장 자리를 내어 주고 필자는 100여 개 대학의 연합체인 한국대학생불교연합(이하 대불련)의 전국 대의원회 의장이 되었다.

1972년 10월 9일 대불련 주최 '청련제' 행사의 일환이었던 전국 대학생 불자 학술경연대회에서 필자는 최우수상을 받게 되었다. 주제는 '만해 한용운의 나라사랑 정신'이었다. 반응은 뜨거웠다. 발표 시간이 지났는데도 질문이 계속되었다.

이것이 계기가 되어 망우리 만해 한용운의 묘소를 참배하는 회원들이 줄을 이었다. 필자는 그 날 이후 망우리 만해 묘소의 가이드 아닌 가이드가 되어 안내를 도맡았다. 대불련의 공식적인 방문도 1972년 10월 26일 처음으로 이루어졌다.

1972년 10월 9일 대불련 학술제에서 수상한 만해 연구 최우수 상장

1973년 3월 1일 행사로 "만해 한용운의 사상 강연회"를 개최하였다. 대불련 중심의 만해 한용운 선사 동상 건립추진위원회도 발족하게 되었다. 만해 한용운 선사를 공부하기 위한 소책자가 필요하여 『만해 한용운 선사, 그 웅지를 영원의 지표로 삼자』라는 교육자료를 발행하게 되었다. 1973년 3월 1일 만해사상 강연회 준비 과정에서 태어난 이 책자의 자료제공과 편집은 필자의 몫이었다. 만해 한용운 사진은 『님의 침묵』 한성도서주식회사 1950년도 초판에 실린 진영으로 하였다. 책의 목차는 ① 발간사, ②만해 한용운 선사의 생애, ③만해 한용운 선사 동상건립 취지문, ④조선독립의 서-옥중기, ⑤국난을 맞은 종교인의 자세-승려연합대회선언문, ⑥조선독립의 서 주변(정광호 교수) ⑦만해의 불교관-불교유신론 중에서(서경수 교수), ⑧만해 그 님은 민족의 거울(목철우 교수), ⑨만해 한용운 선사의 연보 등으로 목차를 구성하였다. 가로 11cm 세로 18cm 본문 56쪽의 소책자였다. 여기서 만해 한용운 선사의 생애, 만해 한용운 선사의 연보 정리는 필자의 몫이었다.

이 작은 책자의 발간사 내용은 다음과 같다.

뛰어난 사상가요, 과감한 행동인인 만해 한용운 선사를 받들어, 그 웅지를 영원의 지표로 세워 길이 후세에 전하기 위해 젊은 대학생 불자는 분연히 이 뜻을 널리 알리고자 먼저 3·1절 기념 만해 한용운 사상 강연회를 개최한다. 아울러 한용운 선사의 면모를 알리는 소책자를 엮음의 변을 갈음하였다.

— 한국대학생불교연합회

망우리 만해 묘소를 대불련 동문들과 함께 참배하는 최초 모습(1972.10.29.)

소책자에 수록한 만해 한용운 선사 동상 건립 취지문의 핵심 내용은 다음과 같다.

만해 한용운 선사!

그를 가리켜 우리는 근대 한국의 가장 위대한 선각자라 부른다. 그는 인간정신의 초절한 발현자요, 불타사상의 가장 투철한 실천가였으며 민족 양심의 가장 우람찬 구현자였은 즉, 이 사상과 행동의 일체로써 그는 근대 한국의 가장 옳은 노선을 가장 바르게 금 그어 나간 하나의 지표로서 흔들림이 없기 때문이다.

만해 한용운 선사를 발견하는 우리의 기쁨은 뛰어난 사상에 따르는 과감한 행동이며 또한 그 행동이 빚어내는 사상의 깊이에 그 요인이 있는 것이다. 그는 시를 쓰되 영원으로 도피하지 않았으며 그는 독립운동을 펴되 결코 자리를 생각하지 않았으니 필경 그의 시집 『님의 침묵』 한 권은 불붙은 영혼의 몸부림이었다.

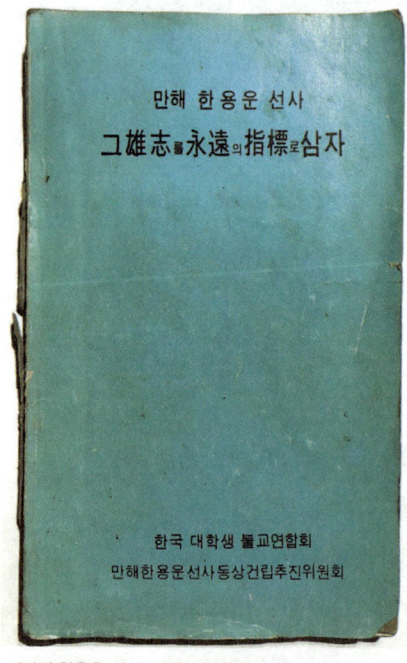

〈만해 한용운 선사! 그 웅지를 영원의 지표로 삼자〉(1973.3.1.) 표지

그의 사상이나 행동이 모두 일제의 질곡 아래 허덕이는 민족적 현실의 나아갈 길을 그가 몸소 한발 앞서 보여 준 것이다. 그가 이 땅에 생명을 영위한 어느 하루 권력과 일제에 빌붙은 적 있었던가? 어느 하루 민족의 앞날을

한성도서본 님의 침묵(1950.5.) 속 만해 진영

헤아리지 아니한 날 있었으랴. 그는 '나 혼자 만'의 안일을 분쇄하고 거기 돋친 서구의 자아 중심의 풍조가 시킨 '나'의 고립성을 지양하였다. 그리고 타자 속의 이웃을 살림으로써 비로소 나를 살리는 자비행을 그대로 구현하였다.

그 사상의 위대함이 자비행의 실천이라면, 형극의 가시밭길일지언정 그것은 바로 민족 중생이 나아가야 할 가장 올바른 활로였던 것이다. 이에 이르러 우리는 조국 근대화의 기치가 더 높이 휘날리는 가운데 지금 무엇을 생각하여야 하며 또 무엇을 어떻게 행동해야 할 것인가 자문할 때 역사가 가르치는 바에 충실할수록 만해 한용운 선사를 따라야 한다는 결론에 선 것이다. 우리가 어려울

때 '님'에 대한 그리움은 날이 갈수록 드높은지라 여기서 우리는 뜻을 모아 민족의 숭앙을 한 곳에 모두고 그 웅지를 영원의 지표로서 세워 길이 후세에 전하고자 함이라.

『만해 한용운 선사, 그 웅지를 영원의 지표로 삼자』는 소책자를 읽고 또 읽으면서 만해 한용운 선사의 사상에 흠뻑 빠져갔다. 이 소책자는 대불련 대학생들의 필독서가 되었다. 대학생인 필자에게는 새로운 꿈을 구체화시키는 지침서가 되었다. 그 이후 한용운 전집 보급운동과 만해 탄생 100주년 기념 논총 발간과 기념 강연회를 개최하였다. 48년 전 풋풋했던 그 생각을 실현한 일이 만해기념관의 개관(1981년 10월 20일)으로 이어져 오늘에 이르렀다. 만해기념관의 개관은 작은 소책자 『만해 한용운 선사, 그 웅지를 영원의 지표로 삼자』가 원천적인 원인을 제공하였다.

이 소책자는 만해기념관 전시관에 있는 여러 자료 중 작은 전시물에 지나지 않지만 반짝반짝 빛나는 보석처럼 빛을 발하고 있다. 지금은 빛바랜 모습에서 그때의 그 일들이 주마등처럼 스치면서 미소 짓게 한다.

만해기념관
뜰에 핀 '만해 무궁화'

7월, 8월은 무궁화로 만해기념관 앞뜰은 화려하게 장식된다. 그것도 '만해'라는 이름으로 탄생한 무궁화이니 더욱 인상적일 수밖에 없다. 만해기념관 앞뜰의 무궁화 꽃밭 '만해'를 조성하고 가꾸어 온 이야기를 하려고 한다.

만해 무궁화(심경구 성균관대 육종학 박사 작품)

후배 교수 중에 무궁화에 관한 많은 자료를 수집 정리하고 무궁화 가꾸기 운동을 하는 김영만(신구대학 미디어콘텐츠과) 교수가 있다. 가끔 필자의 연구실에 들르면 무궁화에 관한 많은 정보를 주고 무궁화에 얽혀있는 재미있는 이야기를 늘어놓곤 하였다. 그럴 때면 필자도 만해 한용운 선생의 무궁화 사랑에 관한 시를 소개하며 서로의 관심사에 대하여 즐거운 대화를 나눴다.

하루는 김영만 교수가 필자에게 산림청이 주관하는 무궁화 대잔치가 광화문 광장에서 열리니 참석하여 보는 것이 어떻겠는가 하고 요청하였다. 즉석에서 그렇게 하자고 약속하고 겨레의 꽃 무궁화 대잔치가 벌어지는 2012년 8월 15일 광화문 광장에 갔다. 김 교수의 안내로 이 행사장에 참석하여 옆자리에 함께 앉은 심경구 박사(성균관대학 명예교수)를 만나 수인사를 건넨 즉시 이분이 무궁화 박사라는 사실을 알게 되었다. 조심스럽게 만해의 시에 '무궁화 심으고저'란 시가 있다며 즉석에서 그 내용을 소개하였다.

> 달아 달아 밝은 달아 / 내 나라에 비춘 달아.
> 쇠창을 넘어와서 / 나의 마음 비췬 달아.
> 계수나무 베어내고 / 무궁화를 심으고저

1922년 9월호 개벽 27호에 실린 만해의 옥중 시 '무궁화 심고저'

　심 박사님이 "아, 그런 시가 있습니까?" 하면서 놀라는 표정이었다. 제가 무궁화 '만해'의 신품종을 개발한 사람이지만 만해에게 무궁화에 관한 시가 있는 줄 몰랐다고 하시면서 아주 반갑게 대하여 주셨다. '만해'라는 무궁화 품종이 있다는 사실에 필자도 전율을 느꼈다. 그때까지만 해도 무궁화 품종에 '만해'라는 무궁화가 있다는 것을 전혀 몰랐기 때문이었다. 그 꽃 '만해' 무궁화를 직접 보고 싶다고 청을 올리니 당신의 천안 농장으로 오라고 주소를 알려주었다. 만해기념관 학예사 선생과 한걸음에 천안 농장에 달려가니 형형색색의 다양한 무궁화가 피어있었고 그 중에서 '만해' 무궁화를 처음 접하게 되었다.

　심경구 박사가 2006년 성균관대학교 식물원에서 무궁화 품종인 '삼천리'와 '서봉'을 교배하여 육성한 새로운 품종으로 홍단심계에 속하는 무궁화란 사실을 설명해 주셨다. 애국자요 독립투사인 만해 한용운 선생님을 기리기 위하여 '만해'라 이름 지었다는 설명이었다. 무궁화 '만해'를 보는 순간 만해 한용운 선사님을 무궁화로 다시 만나는 큰 기쁨을 느꼈다. 나는 조심스럽게 이 꽃을 남한산성 만해기념관에 뜰에 심어 장차는 만해 무궁화동산을 만들어야겠다는 내심으로 무궁화 '만해'를 만해기념관 뜰에 옮겨 심는 방법에 대하여 의논했다. 그리고 심 박사님을 남한산성 만해기념관으로 초청하고 싶다는 의사를 표하니 흔쾌히 받아주었다.
　그 후 심 박사님과 무궁화 전문가 제자들, 무궁화 관련 단체의 몇 분 대표들과 만해기념관에서 무궁화 담론의 즐거운 시간도 가졌다. 무궁화가 나라꽃이 된 유래와 특징, 우리 생활 속에서의 무궁화, 역사 속에 나타난 무궁화, 우리 민족의 얼과 무궁화, 무궁화 기르기에 관하여 많은 담론과 함께 참으로 유익한 시간을 보냈다.

　2013년 새봄이 오기를 기다려 심박사의 천안농장으

만해기념관 앞뜰 만해 무궁화 동산

로 다시 달려갔다. 꽃나무 박사 청류재의 김유신 관장 도움으로 '만해' 품종의 새 순을 꺾어다가 만해기념관 앞뜰의 기존 무궁화나무 거지에 접붙이기를 시작하였다. 200여 수는 족히 될 정도였다. 기념관 앞뜰을 '만해' 무궁화로 장식하기에 이르렀다. 비교적 잘 사라 한여름의 '만해' 무궁화로 꽃이 활짝 필 것을 기대하게 되었다.

한편으로 그동안 틈틈이 모아두었던 무궁화 관련 자료를 다시 보게 되었다. 만해의 옥중 시 '무궁화 심으고저'란 시도 다시 읽게 되었고, 『님의 침묵』 속에 무궁화 관련 시 3편(무궁화 심으고저, 심(心), 가지 마셔요)과 『님의 침묵』 초간본 속표지에 그려진 무궁화 그림과 만주로 떠나는 우국지사에게 준 손수건 속의 무궁화 자수 수건 등 기념관 소장의 자료들과 무궁화 관련 자료들을 정리하기 시작하였다. 그리고 부지런히 무궁화 그림과 사진, 및 관련 자료도 수집 정리하기 시작하였다.

내친김에 광복 68주년 기념 만해기념관 특별전으로 2013년 8월 15일부터 10월 13일까지 〈만해 한용운! 무궁화로 피다〉란 무궁화 특별 전시도 개최하여 좋은 평가를 받았다.

2013년 8월 15일 개막한 만해기념관 〈만해 한용운! 무궁화로 피다〉 특별전의 도록 표지

그해 봄 심박사의 도움으로 만해기념관 뜰의 무궁화 꽃동산을 만들면서 다시 시작한 무궁화 사랑의 원력이 김영만 교수, 심경구 박사, 김유신 관장의 도움으로 이루어졌다. 애국가의 후렴구 "무궁화 삼천리 화려강산"에서 보듯이 무궁화는 우리 민족을 상징하는 꽃으로 만해기념관 뜰에도 여름이 오면 화려하게 피고 지고 있다. 수년째 정성을 들이니 이제는 제법 '만해' 무궁화로 채워지곤 한다. 7, 8월이 오면 만해 한용운 선생이 오신다면서 분주하게 화단을 정리하며 '만해' 무궁화 꽃동산을 가꾸게 되었다. 생각이 미치면 만나게 되고 만나면 자꾸 바라보게 되고, 바라보다 보면 사랑하게 되는 무궁화 꽃동산이 이제는 제법 어우러지고 있다.

3월이 오면 가장 먼저 생각나는 「조선독립에 대한 감상의 개요」 만해 친필 자료

"자유는 만유의 생명이요, 평화는 인생의 행복"으로 시작되는 〈조선독립에 대한 감상의 개요〉는 만해 한용운이 1919년 7월 10일 옥중에서 일인 검사 총장의 요구에 의하여 작성한 옥중 독립선언서이다. 이 옥중 독립선언서가 작성되는 배경은 1966년 이병헌이 삼일동지회에서 펴낸 『삼일운동비사』에 소개되어있다. 3·1 운동 당시의 공판 기록 중 만해 한용운은 검찰의 인정신문 자체를 거부하며 옥중투쟁 3대 원칙 ①보석을 요구하지 말라, ②사식을 취하지 말라, ③변호사를 대지 말라를 실천하며 묵비권을 행사하고 있었다.

일인 검사 총장이 신문하였다.

문 : 피고는 왜 말이 없는가.

답 : 조선인이 조선 민족을 위하여 스스로 독립운동을 하는 것은 백번 말해 마땅한 노릇이다. 조선인이 일본인 너희들을 신문한다면 너희들은 그 재판에 응할 것인가? 그렇다면 감히 일본인이 무슨 재판인가. 나는 할 말이 많다. 종이와 펜을 달라.

옥중에서 참고서 하나 없이 53장에 걸친 대 선언서인 〈조선독립에 대한 감상의 개요〉를 작성하였다. 만해 한용운의 독립정신이 구체적으로 용해된 대 선언문이다. 이 선언서는 만해 한용운을 옥중 뒷바라지를 한 제자 범어사 승려 김상호에 의하여 상해 임시 정부에 소개되었다. 그리하여 상해 임시 정부가 발행하던 『독립신문』 대한민국 원년(1919) 11월 4일 제25호에 전문이 게재되었다. 당시 임시 정부의 기초를 다지는 데 큰 힘이 되었다.

우국지사들은 알고 있는 선언서이지만 일제 강점기 동안에는 국내에 널리 소개되지 못한 비밀 옥중 선언서로 불온 문서로 취급되어 널리 알려지지 않았던

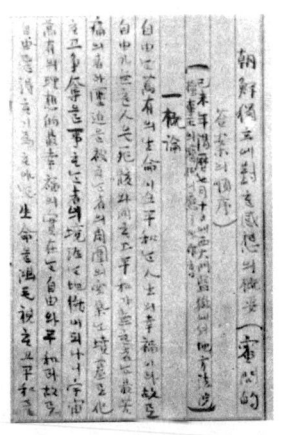

옥중에서 작성된 만해 친필 원본 자료
〈조선독립에 대한 감상의 개요〉

글이다. 조국 광복 후 처음으로 세상에 알려지면서 빛을 보게 되었다. 이 전문을 처음 살펴본 많은 우국지사분은 하나같이 독립운동사에 길이 남을 명문이라 하였다. 독립운동사에 쌍벽을 이루는 두 편의 글 중 국내에서 나온 선언서로는 당연히 한용운의 〈조선독립에 대한 감상의 개요〉요, 국외에서 출판된 선언서로는 단재 신채호의 〈조선혁명선언〉이라고 하였다.

40여 년 동안 만해 한용운의 자료를 찾고 연구해 오는 과정에서 3·1 운동 100주년에 가장 먼저 떠오른 가장 안타깝고 애석한 일은 〈조선독립에 대한 감상의 개요〉 친필 원본 소식을 알 수 없다는 것이다. 이 옥중 선언서의 원문은 일제 강점기 민족의 자존을 지킨 만해 한용운의 성북동 북향집 심우장에 남아 있었다. 1944년 6월 29일 서거 후 제자 박광 선생이 수습하여 후일 유고집을 발행하기로 하여 간직하였다. 6·25 동란 중 이 유고가 공산 치하에 머물러서 자료가 멸실 될 위기를 극복하고 안전한 경남 사천 다솔사의 효당이 관리하였다.

다솔사의 이 자료들이 1960년 9월 20일 조지훈 선생의 제자 인권환, 박노준의 『한용운 연구』에 의하여 세상에 알려지게 되었다. 다솔사 효당 서고에서 1971년 여름방학 중 이 자료들을 다시 확인한 필자는 만해 한용운의 향훈을 맞으면서 흥분했던 기억이 떠오르곤 한다.

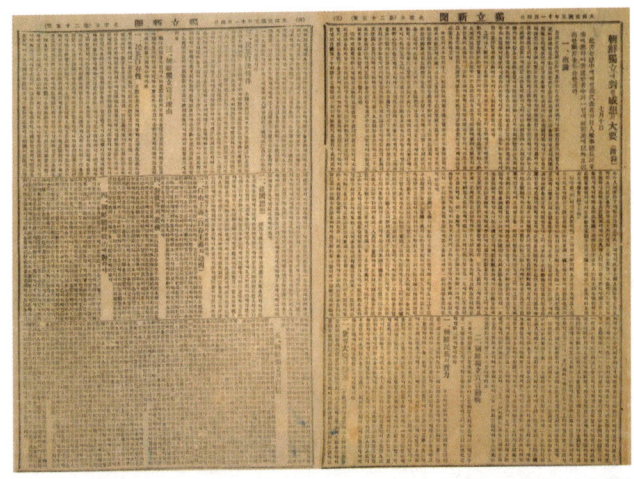

상해 임시정부의 독립신문 제25호(1919.11.4.)에 전문이 소개된
〈조선독립에 대한 감상의 개요〉

    1972년 한용운 전집을 발행하기로 한 신구문화사 편집실에서 사진 촬영도 하였고 원본 대조를 하여 원문과 번역본이 1973년 한용운 전집 제1권에 전문이 수록되었다. 그리고 유고집 자료들은 다시 다솔사로 돌아갔다. 그 이후 이 자료들은 흩어져서 현재로는 자취를 알 수 없다. 3·1운동 100주년을 맞이하는 이 기운으로 반드시 이 자료는 다시 우리 곁으로 돌아오기를 학수고대한다. 그리하여 우리 앞에 다시 펼쳐 보여 그 휘황한 광채를 발하여 주기를 기원할 뿐이다.

    지금은 전집 출판 당시 촬영하여둔 사진 한 장뿐이다. 생전의 홍이섭 교수께서 "이 원문은 독립운동사 뿐만 아니라 한국 정신사에 귀중한 보물이야. 어서 원본을

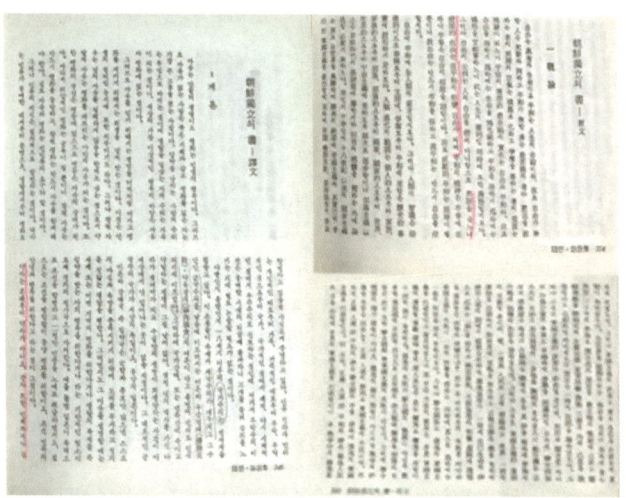

1973년 신구문화사에서 발행한 한용운전집의 원문과 역문

찾아보아." 하시던 음성이 필자의 귓전에 생생하다. 3·1 운동 100주년을 맞이하여 우리 곁으로 다시 돌아오기를 간절히 소망해 본다.

 이 옥중 독립선언서는 조국 광복 후 삼천리지에 처음 소개되었고 1970년 9월 30일 창작과 비평 제5권 3호에 이길진 선생의 〈조선독립이유서〉로 역문이 전문 소개되었다. 그 이후 만해기념관에서는 1983년 7월에 전문을 정리하여 다시 소개하였다. 그리고 만해사상연구회는 3·1절 75주년(1994년 3월 1일)을 맞이하여 한용운 사상연구 제3집 『한용운의 3·1 독립정신연구』에 원문과 역문을 상세히 소개한 바 있다.

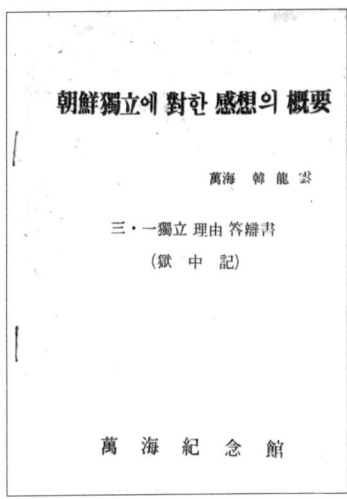

1986년 만해기념관에서 발행한 〈조선독립에 대한 감상의 개요〉

　만해 한용운의 〈조선독립에 대한 감상의 개요〉에 넘쳐나는 독립정신의 원천은 자유·평등·평화로 이어지는 대강령이다. 자유는 만유의 생명, 인간 생활의 참다운 목적으로 인식하고 자유는 남의 자유를 침해하지 않는 것을 한계로 삼는 만해 한용운의 독립정신은 일제 식민지 시대를 극복한 3·1 정신의 요체다. 그러므로 이 자유주의 정신은 조국 독립으로, 동양 평화로, 세계 평화로 끝없이 지향해가는 만해 한용운 정신으로 승화되었음을 증명하고 있다. 만해 한용운의 친필본, 〈조선독립에 대한 감상의 개요〉가 우리 곁으로 다시 돌아와 만인의 가슴속에 꽃피워 새로워지기를 기원하고 또 기원한다.

만해의
한글 사랑 이야기, 하나

겨레의 글, 한글은 전 세계에서 그 유래를 찾을 수 없는 독창성과 균형미를 함께 갖춘 글자로써, 민족의 정신세계와 삶에 녹아들어 고유한 문화를 창조해 왔습니다.
이번 560주년 한글날을 맞이하여 『만해의 한글사랑 특별기획전』을 열었습니다. 이번 특별전을 통해서 종교와 문학, 철학을 넘나들며 조국을 위해 헌신했던 만해 한용운의 각별한 한글사랑 정신을 되새기고, 그 결과들을 구체적으로 살펴보는 계기가 되기를 바랍니다.

2006년 10월 일 560돌 한글날을 맞이하며.

만해기념관에서 주최한 만해의 한글사랑 특별기획전의 초청장 내용이다. 그때의 일을 떠올리며 만해 한용운

2006년 10월 9일 남한산성 만해기념관에서
〈만해의 한글사랑〉 특별획전의 도록 표지

의 한글사랑 이야기를 하고자 한다. 만해 한용운은 『원각경언해』, 『금강경언해』, 『은중경언해』, 『유합』, 『천자문』 등 5편의 한글 경전을 영인 인출하고 자세한 내용을 소개한 바 있다. 이를 만해의 한글사랑 기획전 도록(2006.10.9.)에 수록한 바 있다. 여기서는 만해 한용운의 나라 사랑의 정신을 또 다른 측면에서 살펴볼 수 있는 중요한 자료적 성격과 만해의 한글 사랑이 담긴 5종의 판본 수증기 즉, 국보적 안심사(安心寺)의 한글경 인출을 마친 이야기 등 한글과 관련된 자료를 수집한 이야기를 하고자 한다.

이 자료의 원전들을 기념관에서 소장하기 위하여 백방으로 노력하였으나 아직도 진행 중임을 밝혀둔다. 그 중에서 『원각경언해』, 『금상경인해』, 『은중경언해』, 『천자

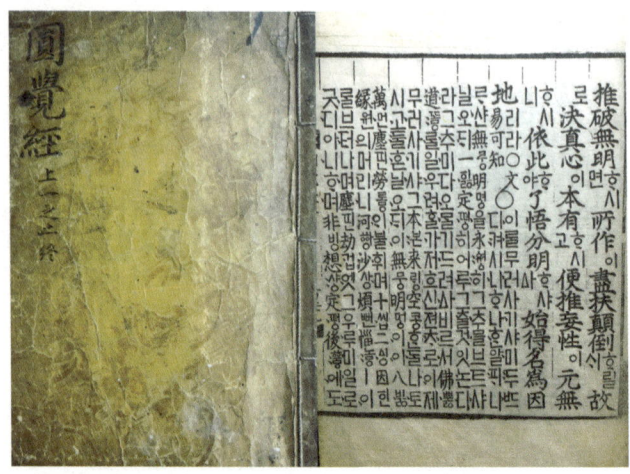

『원각경 언해본』 표지와 내지.
1932년 조선불교사에서 만해 한용운이 보수하여 인출, 간행하였다.

문』은 다행히도 기념관에 수증되어 전시되고 있으나 아직도 『유합』은 찾지 못하고 있다. 이번 기회를 통하여 강호제현(江湖諸賢)의 협조를 구한다.

『원각경언해』, 『금강경언해』, 『은중경언해』, 『천자문』, 『유합』의 판목(板木)이 완주 안심사에 보관되어 있다는 사실을 전해 들은 만해 한용운은 한걸음에 현장으로 달려갔다. 자세히 살펴본바 약간의 보판(補板)이 있어야 하므로 먼저 그 작업부터 시작하였다. 그리하여 1932년에 조선불교사(朝鮮佛敎社)에서 만해 한용운이 한글 경전을 보수하여 간행하였다. 책판은 6·25 때까지 전주 안심사에 보존되어 있었는데 전쟁의 참화 속에서 모두 사라지는 비운을 겪었다. 1932년 인출본 자체도 지금은 좀처럼 찾기 어려운 책이 되었다. 『원각경언해』, 『금강경언해』, 『천자문』은 통문관과 관훈고서방의 협조로 구입하였으나 『은중경언해』는 고서 경매장에서 고가로 매입하였다. 만해 한용운의 나라사랑의 정신이 한글에서 다시 꽃피어낸 한글 경전 영인 인출은 일제강점기의 서슬 퍼런 감시 속에서 만난(萬難)을 무릅쓰고 피워 낸 만해의 자존심이었다.

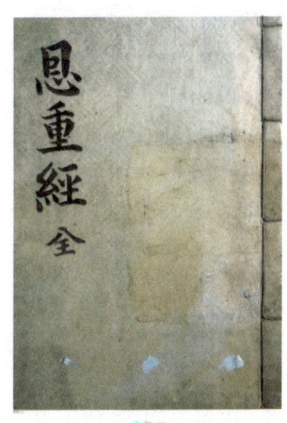

안심사 판 『은중경 언해본』 표지

만해 한용운은 한글경 인출을 마치고 난 이후의 소감을 다음과 같이 피력하였다. "나의 처음의 뜻은 인출 반포(印出頒布)에만 있었으면 구태여 경판을 새롭게 각을 하거나 혹은 보수하지 아니하고라도 다른 간편한 방식으로 인출하여 경비와 시간을 아울러 절약할 수가 있었을 것이나. 그러나 조선의 문화에 있어서 세계적으로 자랑할 만한 위대한 업적(聖蹟偉業)이 끊어져 아주 없어질 위기

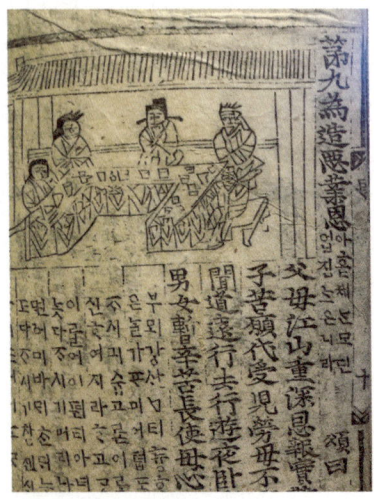

안심사 판 『은중경언해본』 내지

의 환경과 형편에서 일세의 기이한 인연(一世奇緣)을 발견하게 된 나로서는 그것을 인출 광포(廣布)하는 동시에 그 본래의 진면을 손상하지 않는 범위에서 그 사라진 판(缺板)을 보각(補刻)하여 종래 후손(兒孫)에게 전하자는 것이 적은 마음(小心)의 큰 바람(大願)이었으므로 만난을 극복(排)하고 실행한 것이다." 진솔하고 솔직한 심정을 토로하였다고 생각한다. 그것이 만해 한용운으로 하여금 "반만년 살아오는 사랑하는 우리 겨레 보고 읽고 다시 써서 온 누리의 빛 지으리라."라고 노래한 이유일 것이다. 그리하여 다음과 같은 한글 찬시를 1931년 9월 1일 불교잡지에 실렸다.

값없는 보배란

티끌에서 찾느니라.

티끌에서 찾았거니

티끌에 묻을쏘냐.

두만강에 고이 씻어

백두산에 걸어 놓고

청천백일 엄숙한 빛에

쪼이고 다시 쬐어.

반만년 살아오는

사랑하는 우리 겨레

보고 읽고 다시 써서

온 누리의 빛 지으리라.

 이리한 경판을 영인 인출[2]하여 한글 사랑의 가치를 높인 만해 한용운의 정신은 만고에 우러러 변함없는 우리들의 정신적 사표다.

 만해 한용운의 『님의 침묵』 시집에 감칠맛 나는 한글의 표현 능력을 살펴보면 한글로서도 철학이 가능한 사실을 확인하게 된다. 그런 면에서도 최초의 한글 철학서가 『님의 침묵』이듯이 민해 한용운은 우리 글, 우리 언어

---

2 영인 인출 : 인쇄물의 원본을 사진으로 복사하여 인쇄하는 일.

를 가다듬고 표현하는 능력에 있어서도 탁월한 면면이 있었다. 한글에 대한 애정과 자존심이 있었기 때문이다. 만해 한용운은 '한글에는 우리의 향기로운 목숨이 살아 움직이고, 낯익은 사랑의 실마리가 풀리면서 감겨 있다'고 술회하기도 하였다. 그런가 하면 '세종대왕은 예지자요, 의지가 굳은 달빛 같은 존재(毅魄者)요, 위대한 교훈을 가르치는 사람(信敎者)'이라고 감격하여 말한 바 있다.

안심사 판 『은중경언해본』 판권

만해의
한글 사랑 이야기, 둘

　　만해 한용운은 누구보다 한글을 사랑하였다. 한글 사랑에 관한 몇 편의 논설도 남겼다. "가갸날" 운동, 안심사 한글 경판 발견의 경이로움을 글로 남기는가 하면, 한글 맞춤법 통일안을 주창하여 누구보다도 한글 사랑의 열정을 보였다. 사랑의 증도가 『님의 침묵』을 발행한 직후 1926년 12월 양양 낙산사 홍련암에서 가갸날에 대한 인상기를 남겼다. 이때는 한글이란 용어가 정해지기 전이었다. 만해 한용운은 한글날을 '가갸날'이라 불렀다.

I.

가갸날에 대한 인상은 오래간만에 문득 만난 님처럼 익숙하면서도 새롭고 기쁘면서도 슬프고자 하여 그 충동은 아름답고 그 감격은 곱습니다. 이것은 조금도 가감과 장식이 없는 나의 가갸날에 대한 솔직한 심정입니다.

'가갸날'의 힘을 입어 먹을 갈고 붓을 드는 큰 용기를 내어 한글에 대한 축시를 썼다.

> 아아, 가갸날
> 참되고 어질고 아름다워요.
> 축일祝日. 제일祭日
> 데이. 시이즌 이 위에
> 가갸날이 났어요.
> 끝없는 바다에서 쑥 솟아오르는 해처럼
> 힘 있고 빛나고 뚜렷한 가갸날.
>
> 데이 보다 읽기 좋고 시이즌 보다 알기 쉬워요.
> 입으로 젖꼭지를 물고 손으로 다른 젖꼭지를 만지는 어여쁜 아기도 일러 줄 수 있어요.
> 아무것도 배우지 못한 계집 사내도 가르쳐 줄 수 있어요.
> 가갸로 말을 하고 글을 쓰셔요.

혀끝에서 물결이 솟고 붓 아래에 꽃이 피어요.

그 속엔 우리의 향기로운 목숨이 살아 움직입니다.
그 속엔 낯익은 사랑의 실마리가 풀리면서 감겨 있어요.
굳세게 생각하고 아름답게 노래하여요.
검이여 가갸날로 검의 가장 좋은 날을 삼아 주세요.
온 누리의 모든 사람으로 가갸날을 노래하게 하여 주세요.
가갸날, 오오 가갸날이여. (觀音窟에서)

1926년 12월 7일 자 동아일보에 발표한 글이다. '참되고 어질고 아름답고, 끝없는 바다에서 쑥 솟아오르는 해처럼 힘 있고 빛나고 뚜렷한 가갸날. 입으로 젖꼭지를 물고 손으로 다른 젖꼭지를 만지는 어여쁜 아기도 일러 줄 수 있다고 하였다. 혀끝에서 물결이 솟고 붓 아래에 꽃이 피고, 그 속엔 우리의 향기로운 목숨이 살아 움직인다고 하였다. 그

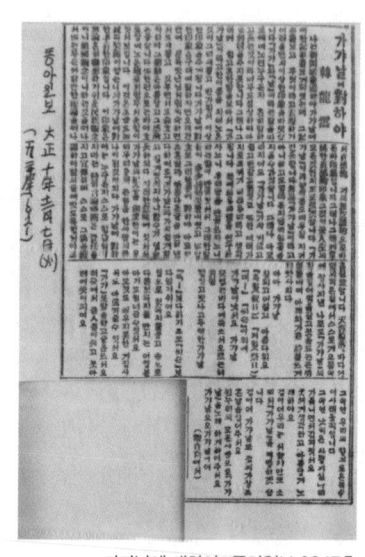

가갸날에 대하여. 동아일보 2247호
(1926.12.7.)

속엔 낯익은 사랑의 실마리가 풀리면서 감겨 있어요.'라고 노래하고 있다. 이글은 낙산사 홍련암에서 만해가 남긴 한글 사랑의 글이다.

II.
국보적 한글 경판의 발견 경로, 〈국보 잠긴 안심사〉

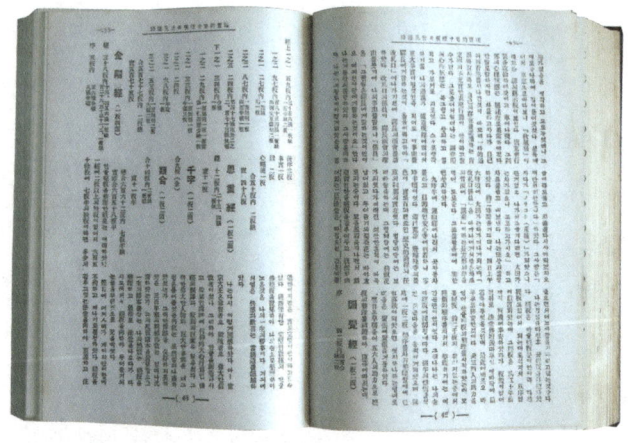

국보적 한글 경판의 발견 경로, 〈국보 잠긴 안심사〉. 불교지 제87호(1931.9.1.)

불경을 널리 읽게 하기 위하여 한글로 번역하고 목판(木板)에 인각(印刻)하여 출판하였다. 불경 및 불교 서책은 사찰에서 간행하는 경우가 많았다. 목판도 대개 사찰에 보관하게 되었다.

"모든 풍상을 지나면서 가격을 매길 수 없는(無價寶) 한글 경판을 감추어 두고 외연(巍然)히 솟아 있는 완주 안심사 2층 법당, 마침 오고 가는 비를 받으면서 어느 사람을 기다리고 있는 것 같다"라고 만해는 회상하였다. '아! 세종대왕은 한글을 창조하시고, 위업인 동시에 신앙적 마음을 낸 불경의 번역과 판각의 큰 업적을 이루셨다. 그러나 300년 동안의 조선 불교는 얼마나 침체되고 쇠퇴하였는가. 그간 남아있던(殘板斷木) 판목을 발견함을 일생의 큰 경사로 삼는 나의 감개는 경판을 정리하고 최후로 법당을 나오다가 다시 돌아서서 경판을 향하여 두어줄기의 눈물을 뿌린 것으로 끝을 맺었다.'고 감격을 전하였다.

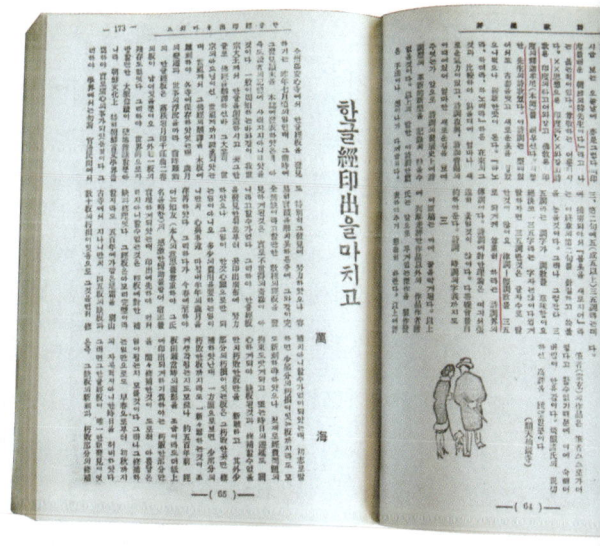

한글경 인출을 마치고. 불교지 제103호(1933.1.1.)

한글 삼종(三種) 경판, 즉 〈금강경〉, 〈원각경〉, 〈은중경〉과 〈천자〉, 〈유합〉을 합하여 5종, 총 650여 판의 완벽을 발견한 것은 기적과 같은 일이라고 생각하면서 한글 경판의 수호 방법을 따로 강구하지 않으면 안 될 것이니, 그것을 수호할 방책은 대략 세 가지가 있다고 하였다.

① 안심사에 그것을 수호할 만한 정도의 보조를 할 것
② 그것을 수호할만한 다른 사찰에 이안(移安)할 것
③ 서울에 판각(板閣)을 신축 혹 매치(買置)하여 이안할 것

이상의 세 가지를 비교해 보면 서울로 옮겨 일반 대중들에게 정신상·학술상의 각 방면으로 의의 있는 편의를 주는 것이 가장 좋은 줄로 생각하여 실행코자 주장하였다. 그러나 그 이후 서울로 옮기는 경판 관리는 이루어지지 않았다. 그 결과 6·25 전란에 다 소실되고 만해 한용운이 인출한 경전들만이 만해기념관에 용케 수집 정리되어 전시에 활용되고 있다. 이 서책들을 어루만지면서 만해의 한글 사랑 정신을 되새기며 문화재를 대하는 곡진한 태도와 높은 안목에 다시금 고개가 숙여진다. 그리고 한글 맞춤법 통일안의 보급 방법에 대하여 첫째, 교과서가 나와야 하겠고, 둘째, 언론 기관과 일반 문필가들이 힘써 행하여야 되겠고, 마지막으로는 한글 강습

회를 많이 열어서 대중을 가르쳐야 할 것이라고 하면서 한글 맞춤법 통일안의 보급 방법에 대하여 아주 구체적인 대안과 활용방안을 제시해 주었다. 한글로 철학한 첫 번째의 철학서 『님의 침묵』이 나올 수 있는 그 배경을 알 것 같다.

한글 맞춤법 통일안 보급 방법. 한글 제2권 1호(1933.4.1.)

2장

만해 한용운의 세계인식이 담긴 지리서 『영환지략瀛環志略』

동·서 비교 철학의 새 문을 연 『음빙실문집飮氷室文集』

화엄이란 '월남 망국越南亡國'의 역사 회복이니라

만해, 세계와 소통하다

만해 한용운의 세계인식이 담긴
지리서 『영환지략瀛環志略』

만해 한용운의 글 '나는 왜 중이 되었나'(삼천리 1930. 5월호)와 '시베리아 거쳐 서울로'(삼천리 1933. 9월호)에는 다음과 같은 내용이 있다.

> 청춘의 뜻을 내리누를 길 없이 다시 번민을 시작하던 차에 마침 『영환지략瀛環志略』이라는 책을 통하여 비로소 조선 이외에도 넓은 천지가 있는 것을 인식하고 행장을 수습하여 원산을 거쳐서 시베리아에 이르러 세상을 향하여 나의 뜻을 펴볼까 하였다.

이처럼 만해 한용운에게 새로운 세계에 대한 눈을 뜨게 한 『영환지략』은 어떤 책일까? 『영환지략』은 중국

쉬지위의 『영환지략』 10책

청나라의 쉬지위(徐繼畬)가 지은 세계 지리책이다. 1850년에 간행된 것으로 모두 10권이다. 쉬지위는 청나라 때의 관리이자 지리학자로서, 푸지앤성(福建省) 곳곳을 돌아다니며 민심을 달래고 위로하는 업무인 순무(巡撫)로 일하고 있었다. 이때 많은 서양인과 사귀면서 지도를 수집하여 그것을 기초로 『영환지략』을 저술하였다. 『영환지략』은 지도에 대한 정확한 기사를 쓰기 위하여 간행된 순수한 목적의 지리서이다. 총 10권의 책으로서 아시아, 유럽, 아메리카, 아프리카 대륙 등 5대양 6대주에 대한 지리적 지식이 수록되어 있다.

이 책이 우리에게 전래된 것은 19세기 후반 통역관 출신으로 13차례나 중국을 다녀왔던 오경석이 서양 문물을 중국에 소개한 『해국도지海國圖地』와 『영환지략』 등의 책을 가지고 귀국하여 유홍기와 함께 읽으면서부터이다. 중인 출신인 두 사람은 명문가 자제인 김홍집·김옥균·

박영효·서재필 등을 설득하여 함께 새로운 책을 읽으며 개화사상에 불을 붙여 나갔다.

한편 강원도 원산 항구가 1879년에 개항되면서 백담사의 큰절(本寺)인 고성군 금강산 건봉사에는 일본 유학생들도 적지 않아서 나라 밖 이야기도 들을 수 있었다. 건봉사의 유학승들에게 전해진 세계지리서 『영환지략』을 1907년 백담사 주지 김연곡 스님께서 입수하여 제자 만해에게 보여주었다. 김연곡 스님은 셋째 상좌인 만해의 뛰어난 한학 실력에 큰 기대를 가지면서 뒷바라지를 정성껏 해주었던 분이다. 이 책을 받아본 만해는 새로운 충격에 사로잡히게 되었다. 겨우 조선과 중국, 그리고 일본 등 몇 나라밖에 몰랐던 그에게 아메리카와 아프리카가 있고 유럽 등 이렇게 넓은 세계와 많은 나라에 다양한 사람들이 살고 있다는 새로운 사실은 가히 충격적인 사실이 아닐 수 없었기 때문이다.

『영환지략』 속표지

만해는 『영환지략』을 보고 세계 문명에 대한 인식이 새로워졌다. 이제 산중에 묻혀 경전만 읽을 것이 아니라 이와 같은 많은 이야기가 있는 넓은 세계를 직접 알아보아야 하겠다고 생각하게 되었던 것이다. 비록 몸집은 작으나 어릴 때부터 담력이 크고 모험심이 강했던 만해는 드디어 세계 일주의 장도에 오를 계획을 세웠다. 얼마 후 그는 금강경과 목탁 그리고 『영환지략』의 지도를 담은 걸망 하나를 짊어지고 세계여행의 장도에 오르게 되었다. 그리하여 만해는 원산 항구에서 배를 타고 떠나 해삼위(海參威) 현 러시아 블라디보스토크의 신 항구에 도착하였다.

세계 정세는 물론 조선의 정세에도 어두웠던 만해는 이곳에 도착하자마자 뜻하지 않던 봉변을 당하게 되었다. 이상한 중의 옷차림을 수상히 여긴 블라디보스토크 동포들이 그를 일진회(一進會) 회원으로 오인하여 다짜고짜 죽이려 들었던 것이다. 일진회는 한반도를 중심으로 일본 세력과 중국 세력, 소련 세력이 각축전을 벌이다가 일본 세력이 주도권을 잡으면서 을사늑약 이후 일본을 지지한 무리가 모여 만든 단체이다. 당시는 블라디보스토크의 동포들 중에 의심이 가는 조선 사람만 보면 무조건 일본의 첩자(一進會員)로 알고 잡아 숙이려 들던 때였다.

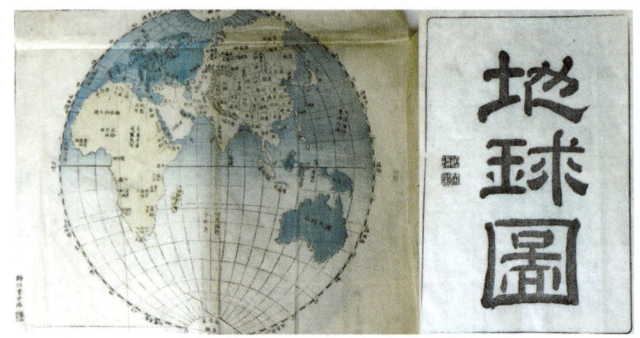

「영환지략」 지구도

　뜻하지 않은 봉변 앞에 그는 침착한 모습을 보이면서 살기를 원하면 죽고, 죽기를 원하면 살 수 있다는 신념으로 당당히 맞서 지혜와 담대한 용기로 담판을 벌였다. 죽이더라도 뼈만은 조선 땅에 묻어달라는 요청에 오히려 그들이 당황하였다. 북대륙에서 구사일생으로 살아난 만해는 세계여행을 포기하고 귀국하였다. 그는 두만강을 건너 고국 땅으로 다시 돌아와 안변 석왕사에서 참선 수업을 쌓았다.

　그러나 끝내 마음속에 타오르는 새로운 것에 대한 열망은 어쩔 수가 없었다. 그의 머릿속은 넓은 세상과 조선을 알아야겠다는 생각으로 꽉 차 있었다. 그리하여 그는 국내 사정부터 먼저 알아보아야 되겠다는 마음을 먹고 한양으로 처음 상경하였다. 한양으로 올라온 만해는 세계정세와 조선에 대해 어느 정도 알게 되었다. 또 새로운 문화가 일본을 통해서 들어온다는 사실도 알았다. 그래서 그는 세계정세를 더 널리 알기 위해 1908년 4월 배를 타고 일본으로 건너갔다. 경도(京都), 동경(東京), 마관(馬關), 궁도(宮島) 등지를 시찰하며 신문물을 접하였다. 일본인 아사다(淺田) 교수가 동경 조동종(曹洞宗) 대학(현 고마자와(駒澤) 대학)에서 불교와 서양철학을 청강하도록 배려하여 주었고, 유학 중이던 최린(崔麟)을 만나 사귀게 되었다. 훗날 3·1 운동의 주역으로 만나게 되는 인연도 이때 이미 싹 트고 있었다.

『영환지략』 한국을 위시한 아세아 지도

이처럼 만해 한용운에게 세계를 바라보는 안목을 키워준 『영환지략』의 원전을 구하고자 하는 필자의 염원이 하늘에 닿았는지 1981년 봄날에 청계천 고서점을 지나다가 층층이 쌓여 있는 책더미 속에서 단 한 번의 시선에 꽂힌 지점에서 10권짜리 『영환지략』 원전을 찾을 수 있었다. 간직하고 싶은 책을 갖게 되었을 때의 그 행복은 이루 말할 수 없다. 기적과도 같은 그 일을 생각하면 지금도 행복해지고 그런 일들이 쌓여 만해기념관을 운영하게 된 것 같다.

동·서 비교 철학의 새 문을 연
『음빙실문집飮氷室文集』

    만해 한용운은 『조선불교유신론』 중 제3장 불교의 성질에서 불교를 '지혜를 믿고 자주성에 기초한 자아의 발견이라는 특질을 지닌 종교이므로 어떤 철학보다 우수하며 사회개혁을 주도할 수 있다.'고 보았다. 또한 불교의 성질을 종교적인 면과 철학적 면으로 나누어 다음과 같이 주장하기도 하였다.

    첫째, 종교적인 성질에서는 '나'의 주체적 파악 없이 즉, 마음(心)의 궁극적인 깨달음(覺) 없이 믿는다는 것은 미신이다. 내가 나를 믿는 것이 인간 최대의 희망이 되어야 한다.

    둘째, 철학적 성질에서 복·덕이 완전하게 갖춘 일체

종지로써 불교의 성질을 파악하면서 동·서양의 철학자들의 이론을 종횡무진 넘나들면서 설명하고 있다.

중국 청나라의 량치차오(梁啓超)의 이론과 독일 임마누엘 칸트(Immanuel Kant)의 도덕론과 자유와 진여의 관계에 대하여 논하고 있으며 영국의 니콜라스 베이컨(Sir Nicholas Bacon)과 능엄경을 비교하는가 하면, 프랑스의 데카르트(René Descartes)와 원각경을 비교하기도 하고 플라톤(Platon)의 대동설, 장 자크 루소(Jean-Jacques Rousseau)의 평등관 등 옛것으로부터 현대에 이르는 학설을 포용하여 동·서 비교 철학의 새 장을 열어가는 만해 한용운의 불교의 철학적 성질을 분석하는 힘은 어디에서 기인하는 것일까?

이 의문의 해답은 금강산 일대의 가장 큰 절이며 당시 유학승들의 왕래가 많았던 백담사의 큰절(本寺)인 건봉사에서 그때 유학승들 사이에서 널리 읽히던 책을 스승 김연곡 스님께서 호기심 많은 만해에게 전해 준 『음빙실문집飮氷室文集』이란 책에 있었다.

중국의 선각자 량치차오(梁啓超, 1873.2.23.~1929.1.19.)의 『음빙실문집』을 받아 본 만해는 새로운 충격에 사로잡혔다. 유·불·도의 동양적 지식에 머물렀던 만해 한용운은

 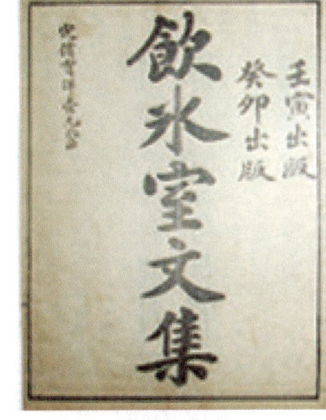

『음빙실문집』　　　　　『음빙실문집』 속표지

서양을 새롭게 만나는 충격 속에서 서양 철학자들의 학설을 포용하고 불교의 성질과 적극 비교하여 그 종지의 근본을 밝혀놓았다. 그런가 하면 수필『최후의 오분간』(조광잡지 창간호 축사, 1935.2.1.)에서 근 30년 전의 회상기로『음빙실문집』에서 얻은 기억의 한 토막을 소개하고 있다.

청나라의 량치차오가 무술정변에 실패하고 미국에 망명하였을 때에 미국 조야 인사 모건(Morgan, John Pierpont)을 만났다. 모건은 어떠한 사람을 면회하든지 5분 이상을 대화하는 일이 없는 사람이었다. 미국에서 누구든 성공의 최후 5분을 본다면 사람의 희열이 거기에 있고 진정한 행복이 거기에 있다는 모건의 명석한 두뇌의 판단력과 의지력에 있어서 5분간의 면회로도 미해결 될 일은 없다는 견해에 반해는 공감을 표하고 있었다.

량치차오의 초상

　량치차오의 『음빙실문집』 원전을 확보해야 한다는 원력을 세우고 통문관으로, 관훈고서방으로 입소문을 내고 다녔다. 얼마 가지 않아 관훈고서방의 사장님으로부터 연락이 왔다. 책을 구했다는 소식에 한달음에 달려가니 상·하 두 권의 두툼한 책을 내어 놓았다. 1904년도 판 『음빙실문집』이었다. 벌써 40년 전의 일이다. 지금 상권은 남한산성 만해기념관에 하권은 백담사 만해기념관에 나누어 전시하고 있다.

량치차오의 『음빙실문집』에서 다루어지고 있는 동·서 비교 철학의 성질을 살펴보자. 『음빙실문집』은 청조 말 구국의 큰 뜻을 품은 대학자 량치차오의 계몽서적이자 혁명서적이다. 무술변법의 주인공 량치차오의 사상을 잘 드러내고 있다. 서구 문명 수용을 제창하고 애국 계몽사상을 고취하는 글에서 열강의 유린에 직면한 조국을 지키려는 동아시아 지식인의 고뇌를 느낄 수 있다. 만해는 이 책에서 칸트와 루소, 베이컨 등 서양철학을 접하면서 동·서양 사상의 비교의 첫 장을 열어갔다.

동·서양 철학과 불교가 합치되는 것을 들어 설명한 중국인 량치차오는 이렇게 말했다. "불교의 학문이 중국에 들어옴으로부터 그 가르침이 모두 갖추어지기에 중국 철학이 이채(異彩)를 띠게 되었다." 이것으로 보면 중국 철학이 발전하게 된 것은 실로 불교의 덕택임을 알 수 있다.

독일의 철학자 칸트는 "우리의 일생의 행위인 자유의지가 선택하고 나면 우리 몸에 소위 자유성(自由性)과 부자유성(不自由性)의 두 가지가 동시에 나란히 존재하고 있음이 이론상 명백한 터이다."라고 했다. 량치차오는 이 주장을 "진정한 자아는 결코 다른 무엇에 의해 구애되든지 가리어지든지 하는 것이 아니었으며, 구애를 받고 가림을 받는 이상 그것은 자유의 상실(喪失)을 의미하는 것으로 믿어진다."라고 받아들였다. 량치차오가 부처님과 칸트의 다른 점에 언급한 것을 보건대 반드시 모두가 타당하다고는 여겨지지 않는다. 왜 그런가? 부처님은 "천상천하(天上天下)에 오직 나만이 존귀하다."라고 하셨는데 이것은 사람마다 개개인의 자유로운 진정한 자아를 지니고 있음을 밝히신 것이다. 부처님께서는 모든 사람에게 보편적인 진정한 자아와 각자가 개별적으로 지닌 진정한 자아에 대해 미흡함이 없다고 언급하셨으나, 다만 칸트의 경우는 개별적인 자유만 생각이 미쳤고 만인에게 보편적으로 공통되는 진정한 공통의 자유에 대해서는 언급을 하지 못하였다. 이것으로 미루어 보면 부처님의 철리(哲理)가 훨씬 넓음을 알 수 있다고 만해 한용운은 첨언하여 설명하고 있다.

베이컨(Francis Bacon)의 학설은 『능엄경』의 교리와 적잖게 유사한 데가 있고, 데카르트(René Descartes)의 이론은 『원각경』의 내용과 완전 부합된다. "아마 데카르트는 전생에서 『원각경』을 많이 읽은 사람이었던 모양이다."라고 만해는 평가하였다. 이밖에 "플라톤의 대동설(大同說), 루소의 평등론(平等論), 육상산(陸象山)과 왕양명(王陽明)의 선학(禪學) 등등은 다 부처님의 사상에 부합하는 바가 있다."라고 하였다. 이상은 동·서 철학과 불교와 일치하는 면을 살펴본 만해의 설명이었다.

사람마다 지닌 부처님의 성품이 같고, 진리가 원래 하나인 까닭에 방법과 과정이 달라도 동일한 결론으로 돌아가고, 만 갈래가 하나를 받들게 되는 것이니, 불교는 철리가 큰 나라라 하겠다. 종교요 철학인 불교는 미래의 도덕·문명의 원료품 구실을 착실히 하게 될 것이라는 만해의 견해는 동·서 철학을 아우르는 큰 바다와 같다고 해야 할 것 같다.

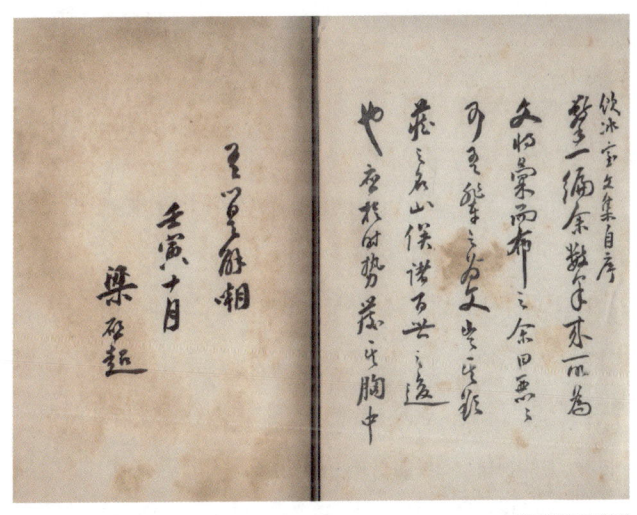

량치차오의 친필

화엄이란
'월남망국越南亡國'의 역사 회복이니라

1972년 3월 초부터 양산 통도사 극락암에 계시는 경봉 스님을 부지런히 찾아다녔다. 만해 한용운 선사와의 '인연담'과 '심우장 목부화상 야월문답'의 내용이 궁금했기 때문이었다. 심우장 목부화상 야월문답은 성북동 심우장에 머무르는 만해 선사를 찾아 스승과 제자 사이에 나누었던 선문답한 내용(法擧量)이고, 인연담은 만해 선사를 만난 이야기와 통도사 강원의 학인이었던 사미승 경봉의 수학 체험기였다.

만해 선사는 경봉 스님에게 정석(靖錫)이란 법호를 내리시기도 한 분이시다. 그 덕분에 경봉 스님은 만해를 좋아하는 필자를 늘 자비로운 마음으로 대해주고 이야기를 진솔하게 받아주었다. 필자의 70 평생에 가장 큰 감

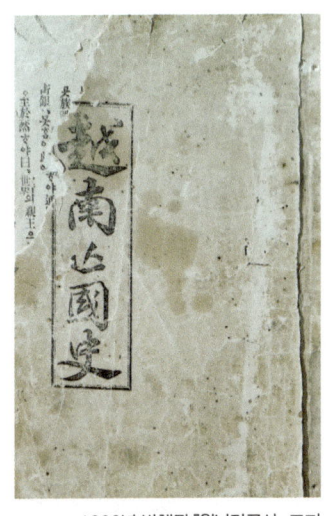

1906년 발행된 『월남망국사』 표지

화를 주신 큰 스님으로 첫손에 꼽고 싶은 분은 당연히 경봉 큰스님이시다. 1973년 7월에 출판된 『한용운전집』 보급을 위하여 전심전력을 기울여 주시던 경봉 스님의 감화력에 필자는 늘 감복할 따름이었다. 경봉 큰스님을 찾아뵙고 만해 선사 이야기를 여쭤보면 그때마다 『월남망국사越南亡國史』[3] 책 이야기를 꺼내면서 만해 선사를 추억하시는 모습이 퍽 인상적이었다.

경봉 스님은 1912년 사미승으로 통도사 불교 전문 강원(講院)에서 만해 한용운 선사를 처음 만나게 된다. 통도사 사찰 내에 설치되어 있는 경학연구 전문교육기관인 강원의 화엄학 강사인 만해 선사로부터 『화엄경』을 배우

---

[3] 월남망국사(越南亡國史) : 1906년 현채가 번역하여 보성관에서 간행되었으며, 1909년 출판법에 의거하여 금지 도서 목록에 올랐다. 국한문 혼용체로 간행된 이 작품은 당시 조선의 문제점을 스스로에게서 찾아야 한다는 계몽적 의도를 담고 있는 책이다.

법제자다. 『화엄경』[4] 강의를 열중하시다가 격해지면 "화엄이란 무엇인가? 월남지망국을 극복하는 길이다." 하시면서 『월남망국사』를 통하여 역사의식과 시대정신을 강조하시던 만해의 모습을 떠올리셨다. 나라 잃은 백성의 암담한 현실을 함께 고민하며 두 줄기 눈물을 흘리시던 모습을 회상하시는 스승과 제자 사이라는 사실도 알게 되었다.

 그 후 인사동 고서점을 찾아 『월남망국사』 책을 구해야 되겠다고 생각했다. 만해 선사를 비분강개하게 하고, 사미승 경봉의 눈시울을 붉게 만들었던 『월남망국사』. 이 책의 내용이 궁금해졌다. 1973년 인사동의 통문관 이겸로 선생께 『월남망국사』를 구하고 싶다는 의사를 전하고 기다렸다. 얼마 지나지 않아 책을 구하였으니 오라는 연락이 왔다. 한걸음에 달려가니 사학자 현채가 쓴 국한문의 『월남망국사』였다. 5만원의 거금을 주어야 했다. 만해 선사의 또 다른 일면을 만나는 기쁨이 있었기에 금액은 중요치 않다는 호기를 부렸다. 이 책을 들고 양산 통도사 극락암으로 달려가 경봉 스님께 책을 보여드렸더니 『화엄경』 강의 중 월남망국의 한에 울분을 토하던 만해 선사를 떠올리면서 눈시울이 붉어지셨다. 그 관계로 경봉 스님은 필자를 기특하게 생각하고 더 따뜻하게 대해 주셨다. 큰스님의 자비로움이 넘쳐나는 과분한 대접을

---

4 화엄경(華嚴經) : 석가모니가 성도한 깨달음의 내용을 그대로 설법한 경문. 정식 이름은 대방광불화엄경이다.

받기도 하였다.

 만해 한용운 선사는 1905년 일본과 강제 체결된 을사늑약으로 조선의 외교권이 박탈되면서 나라가 누란(累卵)의 위기에 처한 슬픔을 누구보다도 진하게 느낀 분이었다. 일제에 의해 강압적으로 체결된 을사늑약은 조선의 외교권이 적의 수중으로 넘어간 사건으로 이 사실에 통분하지 않을 수 없는 조국의 현실이 안타까웠다. 한편, 민족의식을 고취하고 민중을 계몽시켜 이러한 위기를 극복하기 위한 연구가 활발하게 진행되었다. 단재 신채호가 『을지문덕전』, 『이순신전』 등 외적에 맞서 싸운 영웅들의 전기를 통해 애국심을 고취하려 하였고, 박은식은 『동명성왕실기』, 『연개소문전』 등 고구려의 기개를 높게 평가하는 책을 발행하여 민족정기를 드높이려 했다. 또한 『월남망국사』, 『미국독립사』, 『이태리건국 삼걸전』 등 외국의 건국이나 흥망에 대한 책들도 번역되어 민족의식을 고취하

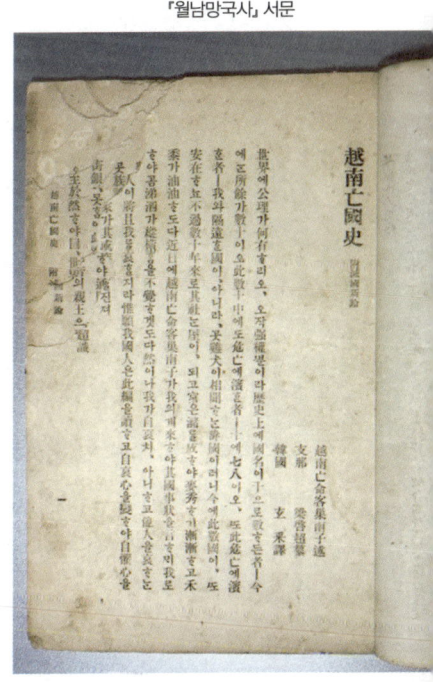

『월남망국사』 서문

는 데 기여한 책들이 활발히 유통되기도 하였다.

만해는 월남이 968년 중국에서 독립한 뒤 프랑스의 보호국이 되기까지의 이야기와 1885년 이후 활약한 애국지사들의 일대기, 월남의 장래에 대한 대화 등이 주요한 내용인 『월남망국사』를 주목하였다.

『월남망국사』는 월남 망명객 판보이쩌우(巢南子)가 기록(述)하고, 중국의 량치차오(梁啓超)의 찬(纂)으로 되어 있는 월남(越南) 망국(亡國)에 대한 대화를 기록한 책이다. 1906년 대한 제국의 애국 계몽 운동가 현채가 보성관(普成館)에서 국한문 혼용으로 번역 간행하였다. 개화기 신소설 계통의 애국적 계몽 작품이다. 월남의 멸망이 곧 우리의 문제가 된다는 것을 명확히 인식한 번역자나 당시 지식인의 비판적 태도에서 간행된 것이다.

또한 제국주의 확대의 위협 앞에 놓여 있는 당시 조선의 상태를 비판하고 계몽하기 위해 간행된 개화기 시대의 역사서이다. 즉, 『월남망국사』는 당시 조선의 문제점을 스스로에게서 찾아야 한다는 인식에서 비롯되어 계몽적 의도를 충분히 활용한 만해 한용운 선사의 사랑을 받았던 책이다.

만해는 『월남망국사』를 통해 월남의 멸망이 결코 남의 문제가 아니라는 것을 독자들에게 인식시키려고 하였다. 하지만 1909년 출판법에 의하여 치안상의 이유로 금서 처분되었다. 비밀리에 전해진 이 책은 민족의식을 고취 시키는데 더 할 수 없는 소중한 책이었다. 1912년 통도사 강원에서 '화엄이란 무엇인가? 월남의 망국을 극복하는 길이다.'라며 강원의 학인들을 놀라게 하는 한편 뜨거운 눈시울을 적시게 했던 사실을 다시 한번 상기해 본다면 이 『월남망국사』의 가치를 재고해보게 될 것이다. 만해기념관의 소장품인 이 책은 경봉 스님의 모습이 오버랩(overlap)되는 스토리를 간직한 소중한 자료다.

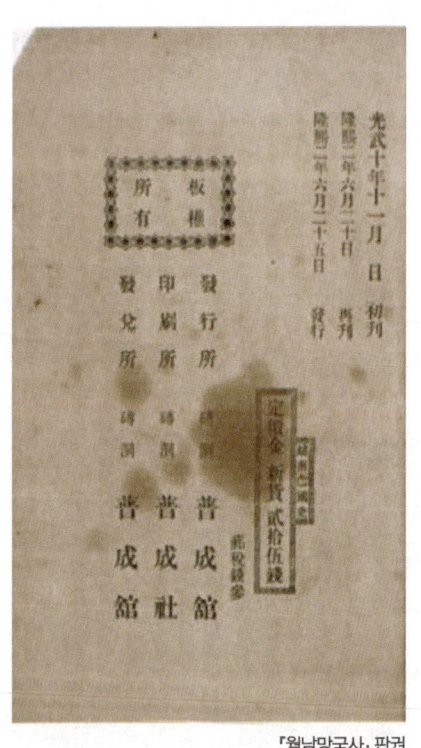

『월남망국사』 판권

3장

새벽을 알리는 닭 울음소리 『조선불교유신론』

그리운 석주 스님과 『불교 대전』

3·1운동의 전위지 『유심』

삶의 지혜가 담긴 영원한 고전 『정선강의 채근담採根譚』

선의 묘리를 파헤친 『십현담주해十玄談註解』

사랑의 증도가 『님의 침묵』

선의 종풍을 활화산처럼 타오르게 한 『경허집鏡虛集』

만해

저술로 세상을

일깨우다

새벽을 알리는 닭 울음소리
『조선불교유신론』

만해 한용운의 『조선불교유신론朝鮮佛敎維新論』은 불교와 식민지 현실에 대한 개혁 의지를 강하게 담고 있다. 이 책은 1910년 12월 8일 탈고했는데, 금년(2022)이 『조선불교유신론』 탈고 111주년이 되는 해이다. 아직도 『조선불교유신론』의 마지막 표현처럼 이제는 파리 소리가 아니고 민족사의 새벽을 알리는 닭 울음소리로 들려야 하는 데 여전히 파리 소리로밖에 듣지 못하는 우매한 중생들이 있는 불교의 현실이 안타깝다.

만해는 조선불교 유신의 기본적인 목표와 방향은 정신문화의 혁명에 있으며 그 길만이 우리가 살아갈 수 있는 길임을 강조하였다. 만해는 온 정열을 바쳐 중생구제를 위한 승려의 교육, 포교, 참선, 경전의 해석 등 불교 개혁의 의지를 천명했다. 또한 당시 불교계의 풍토를 좀먹고 있는 낡은 인습을 타파하고 혁신해서 불교계도 시대적 변화에 부응한 새로운 진로를 개척해 나가야 한다고 주장했다. 불교 본연의 자세로 돌아가 순수한 신앙에 바탕을 둔 윤리관을 확립하여 부처님의 근본정신을 다시 구현하고자 노력하였고, 역사적 사회적 요청에 부응할 대중 불교 실현의 사명감을 촉구한 저술이다.

만해는 이 저술에서 '유신(維新)'은 낡은 제도나 관습을 청산하고 항상 새롭게 바꾸어 나간다는 의미임을 강조하였다. 서른두 살이던 1910년에 당시 불교의 타락상과 나태함을 하나하나 파헤쳐 비판하고 대안을 모색하고 있다. 당시 불교계는 조선 시대부터 시작된 억불숭유(抑佛崇儒) 정책으로 무기력과 무질서, 각종 인습과 폐단으로 얼룩져 있었다. 『조선불교유신론』은 정치·사회 모든 분야에 변화와 혁신이 활발한데 오직 조선 불교만이 미신, 기복, 은둔 등 인습에 젖어 있다는 문제의식에서 출발한다. 불교 교리와 철학에서 시작해 승가 교육과 수행, 참선, 불교의식 간소화, 의례나

『조선불교유신론』
(1913, 불교 서관 발행)

포교 방식 혁신, 불교를 통괄하는 조직 기구 구성, 심지어 승려의 혼인 문제 등 일제 식민 치하 당시 불교계의 당면 문제에 대해 과감하고 파격적인 대안을 모색했다. 불교를 동양과 서양의 주요 종교 철학 사상과 비교해 논했고, 불교가 깊은 산중이 아닌 대중 안에서 함께 호흡해야 한다고 주장했다.

『조선불교유신론』을 처음 접한 것은 박노준, 인권환의 『만해 한용운 연구』(서울 통문관, 1960.9.20.)에서였다. 이때 강릉불교학생회의 회장 소임을 맡으면서 만해를 공부하기 시작하고 있었다. 본격적인 관심은 출판이 이루어진 6년 후 1966년 강릉에서 우편환으로 통문관에서 주문한 『만해 한용운 연구』 도서는 고교 2학년 때였다. 『만해 한용운 연구』에서는 제3장 그의 불교적 업적 제1절에 불교유신론 목차와 서문을 2페이지 정도 소개하고 있다. 여기에는 단편적인 내용 소개만 되어 있었다. 하지만 애지중지하며 이 책을 읽고 또 읽었다. 원전을 통해 전문을 보고

『조선불교유신론』 서문 원전

싶었다. 그러나 정보의 한계를 안고 사는 시골 학생에게는 요원한 일이었다.

1968년 서울로 상경하여 틈틈이 조계사며 인사동 고서점에서 『조선불교유신론』 원본을 찾아보았지만 쉽게 찾을 수 없었다. 불교에 관심이 많은 대학생으로서 한국대학생불교연합회 가을 축제인 청

『조선불교유신론』, 삼성문고본(1972.11.)

년제 학술회의(1972.10.9.)에서 만해 한용운 연구로 최우수 학술상을 받았고, 그해 11월 초에 『만해 한용운 선사! 그 웅지를 영원의 지표로 삼자』라는 작은 책자에 『조선불교유신론』의 내용을 간략하게 소개하기도 하였다.

그러던 중 1972년 11월 25일 삼성미술문화재단의 삼성문화문고본으로 『조선불교유신론』의 전문이 처음 서경수 교수의 역문으로 소개되었다. 작은 새의 자취도 없는 사막의 밤에 문득 만난 님처럼 나를 흥분되게 하였다. 이 책을 대학생 불자들의 지침서저럼 보는 불자 대학생들에게 보급 운동을 펼치며 스터디 그룹에서 『조선불교

유신론』을 중심으로 강독회를 열었던 기억이 새롭다. 문고본의 표지가 너덜너덜 해지도록 읽고 또 읽었다. 가뭄의 단비였다. 비로소 『조선불교유신론』의 전문을 접할 수 있는 기회를 갖게 된 것이다. 만해 한용운의 불교개혁의 의지를 확인하게 되었다.

내용을 파악하고 보니 만해가 출판한 당시의 원전도 확인하고 싶은 원력은 커져만 갔다. 인사동이며, 청계천 헌책방을 뒤지며 원전을 찾는다는 소문을 내고 다녔다. 얼마 지나서 관훈고서방에서 『조선불교유신론』 원본을 찾았으니 급히 오라는 연락을 받고 그 길로 한걸음에 달려갔다. 불교서관본 『조선불교유신론』이었다. 책값을 물어보니 1979년 당시로서는 꽤 큰 금액인 5만원을 요구하였다. 불교서관본의 가치는 5만원 이상의 가치가 있다고 판단하였으므로 망설임 없이 금액을 지불하고 원전 책을 입수하였다. 나는 큰 보물을 얻은 양 마냥 기쁘기만 했다. 원전과 번역본을 대조하면서 그 기쁨의 추억을 더욱 확대하기 위하여 1983년 3월 10일 이원섭 선생의 번역문과 원전 영인본을 함께 수록한 『조선불교유신론』을 만해사상연구회의 이름으로 출판하게 되었다. 대중들에게 본격적으로 『조선불교유신론』의 중요성과 역사의식, 시대정신을 불러일으키기 위한 작업의 일환이었다.

지금 남한산성 만해기념관에는 양산 통도사에 머물던 한용운 선사가 1910년 12월 8일 백담사에서 탈고하여 서울 불교서관에서 1913년 5월 25일 발행한 원전인 『조선불교유신론』이 중요 자료로 전시 활용되고 있다. 특히 이 책의 제자는 석전 박한영 스님의 글씨로 한용운군 저 『조선불교유신론』 석전산인장(韓龍雲君 著 『朝鮮佛敎維新論』 石顚山人藏)으로 되어있다. 석전 박한영 스님께서 제자를 아끼는 마음이 엿보인다. 그리고 1972년에 발행된 삼성문고본 『조선불교유신론』, 1973년 한용운전집본 『조선불교유신론』, 1983년 만해사상연구회본 『조선불교유신론』 등 다양한 유신론 판본들이 전시 활용되고 있다.

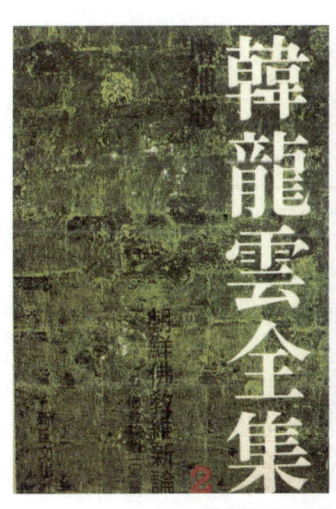

한용운전집 2권의
『조선불교유신론』(1973.)

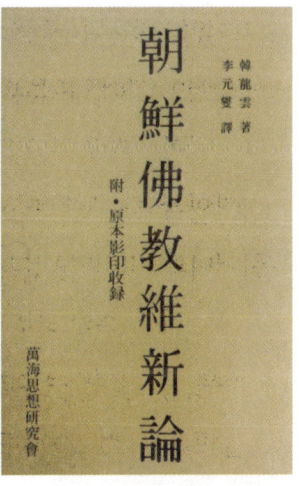

만해사상연구회에서 발행함
『조선불교유신론』(1983.)

그리운 석주 스님과
『불교 대전』

    세월이 흘러도 더욱 또렷이 뇌리에 각인되는 스님 한 분 계시다. 바로 강석주 스님이시다. 강릉 금학동 포교당에서 불교학생회 회장으로 있을 때 스치듯 지나간 인연으로 석주 스님을 알게 되었다.
    1968년 봄부터 서울 생활을 시작하게 되었다. 상경 후 틈틈이 찾던 사찰이 삼청동 칠보사였다. 그곳에 석주 스님이 주석하고 계셨기 때문이다. 대학을 갓 졸업하고 교직자 생활 속에서도 칠보사의 중고등부, 청년회 지도법사로 있으면서 주말이면 거의 시간을 칠보사에서 보내게 되었다. 스님께서 계시던 칠보사 2층 방은 청소년들의 놀이터였다. 일반 신도들은 스님을 어려워했지만 청소년들은 늘 그 방 차지였다. 그곳에는 청소년들을 주기 위하여 항상 다과가 있었다. 그것에 재미 붙인 청소년들은 그 방을 좋아했다. 그들도 이제는 환갑을 바라보는 나이가 되었을 것 같다.

    그리운 석주 스님은 정말로 자비심 넘치는 이 시대의 큰 선지식이셨다. 삼청동 칠보사의 지도 법사로, 주말이면 법회에 참석하여 청소년들과 함께 법회를 열면 석주 스님께서도 수희[5] 동참하여 주셨다. 자연히 석주 스님과는 가까이 지낼 수 있게 되는 큰 행운을 얻은 시간들이었다.

    시간이 날 때마다 마음에 묻어 두었던 만해 한용운 선사에 관한 궁금증의 실타래를 석주 스님께 풀어놓곤 하였다. 그에 관해 자주 질문을 드려 스님을 괴롭혀도

강석주 스님께서 기증함
범어사 발행 『불교대전』
(1914.4.30.)

범어사에서 발행한 『불교대전』(1914.4.30.) 속표지.
금적사인은 석주 스님의 당호요, 석수는 법호다.

---

5 수희 : 불보살이나 다른 사람의 좋은 일을 자신의 일처럼 따라서 함께 기뻐함.

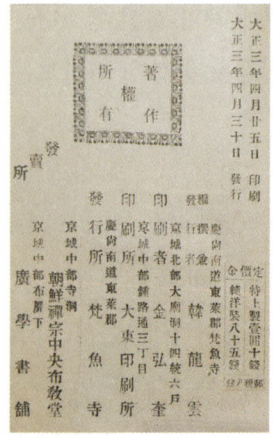

『불교대전』(1914.4.30.) 판권

늘 한결같은 모습으로 대해 주셨다. 만해 선사를 언제, 어디에서 만났으며 주로 무슨 이야기를 하셨는지, 만해의 인상은 어떠하였으며, 특별히 기억에 남는 이야기며 그때 그때 생각나는 대로 질문하였다. 수십 번 던진 질문에 스님은 한 번도 귀찮아 하시지 않고 친절히 설명하여 주셨다. 석주 스님과 나눈 대화의 내용과 스님의 모습에 대하여 몇 편의 단편 글로 남기기도 하였다.

성북동 심우장 만해기념관을 개관(1981.11.30.)부터 추모 다례제며 각종 행사에도 빠지지 않고 참석해 주셨다. 필자에게는 큰 스승이요, 든든한 후견인이었다. 심우장을 만해기념관으로 개관했지만 경상 운영비와 관리비가 들어도 어렵게 생각하지 않았다. 스님이 계시기만 해도 필자에게는 크나큰 힘이요 자산이기 때문이었다.

1990년 5월에 남한산성 만해기념관으로 이전하였다. 접근성과 문화유산이 함께 어우러지는 남한산성에 만해기념관 재개관 후 본격적으로 석주 스님 자료를 정리하여 스승과 제자 『만해 한용운과 강석주 스님』 특별기획전 도록(2009.11.19.)으로 그 내용을 풀어내었다. 석주 스님 4주기를 기하여 '인연은 참으로 존귀한 깨달음이다'란 발간사를 통하여 간단한 소회를 밝히기도 하였다. 석주 스님의 묵향으로 남긴 만해 한용운의 옥중 한시 5편과 나룻배와 행인의 시비도 만해기념관에 간직하는 행운을 얻게 되었던 인연과 석주 대종사 만해 사랑 사진 자료를 8개 항목으로 나누어 설명하기도 하였다. 그리고 석주 스님과의 인연 담을 담담히 풀어내었다.

그 중에도 특별히 필자를 감동시킨 일이 있다. 칠보사 학생회 법회를 마치고 난 후 석주 큰스님으로부터 2층 방으로 올라오라는 전달을 받고 차담을 하시려나 싶어 무심히 2층 방문을 두드리니 반가운 기색으로 필자를 맞이하여 주셨다. 그리고는 오래된 낡은 보자기를 푸시더니 그 속에서 한용운 선사의 저술인 『불교대전』을 내놓으시면서 전 선생이 잘 간직하라고 하셨다. 깜짝 놀라 당황한 기색을 보이니 "내가 너 마음 안다."라고 하시며 주신 책이 1914년 범어사에서 발행한 『불교대전』이었다.

한용운의 『불교대전』은 불교의 단계별 이해를 돕기 위한 수단 설법에만 젖어 있던 불자들에게 주제별로 엮은 최초의 경전 편찬 방법으로 불교의 이해를 도왔던 불교 성전이다. 석주 스님께서 60년 넘게 고이 간직하셨던 책. 더구나 석주 스님의 장서인이 선명히 찍혀 있는 책을 나는 놀라움과 큰 영광으로 잘 간직하리라 다짐했다. 지금껏 만해 한용운 관련 자료를 3천여 점 정도 모았지만 내 돈이 들어가지 않은 유일한 자료가 석주 스님께서 기증해 주신 『불교대전』이다.

나는 석주 스님과 무슨 큰 인연이 있었기에 스님께서 주신 서책을 다시 40여 년 넘게 간직하여 만해기념관을 방문하는 관람객들에게 이 자료를 펼쳐 보이게 되었는가? 소위 스토리텔링을 자랑스럽게 하는 나를 발견하면서 스스로를 내세우는 바보가 되어가는 것 같다. 이생에서의 아름다운 인연을 잘 간직하고 자랑하며 많은 분들에게 큰 소리로 자랑하고 싶은가보다.

그 이후 『불교대전』을 읽고 또 읽고, 수십 번 끝에 이 책을 분석하여 논문 "한용운의 화엄사상연구 : 불교대전을 중심으로"로 석사 학위를 받았고, 이어 동국대학교 대학원에서 "화엄의 관점에서 본 만해 한용운 연구"로 철학 박사학위를 받았다. 이 모든 인연이 석주 스님으로부터다.

양산 통도사 장경각의 목판 대장경을 모두 열람하면서 주요 용어에 대한 내용을 주제별로 『불교대전』을 편찬하였다. 이것은 불경 대중화를 위한 작업이었다. 통도사 강원의 화엄학 강사로 계시면서 틈만 나면 장경각의 내용의 핵심을 파악하기 위하여 먼지 펄펄 날리는 장경각 속에 계시는 만해 스님을 발견한 스님들은 만해는 장경각의 경판수가 궁금하여 판수를 헤아리는 줄 알았는데 그 내용을 주제별로 정리하였다는 사실은 아무도 알지 못하였다. 진주를 주머니 속에 넣어두고도 진주를 찾아 헤매는 중생의 슬픈 사연과 같은 이야기다. 스님이 낮에는 장경각 속에서 장경의 내용을 살피시고 저녁에는 주요 핵심 내용을 기록하고 정리하는 작업을 완성하여 발간한 이 『불교대전』은 1914년 4월 30일 범어사에서 발행되었다. 『불교대전』은 재래식 장경 위주의 편찬 방법에서 벗어나 주제별로 엮어진 최초의 책이다. 불교 근대화 작업의 일면을 보여준 쾌거였다.

스승과 제자 만해와 석주 기획전 도록 표지

3·1운동의 전위지
『유심』

 만해 한용운은 구한말 역사의 격랑 속에서 현실의 뼈아픈 고뇌를 맛보아야 했다. 동학농민혁명(1894), 청일전쟁(1895), 을미사변(1895), 아관파천(1896), 러일전쟁(1905), 의병활동 등 역사의 격랑 속에서 현실을 직면하게 되었다. 역사의 회오리 속에서 실력을 쌓아야 한다는 생각으로 고향을 떠나 승려의 길을 걸었다. 그러나 마음의 평온을 누릴 길 없어 방황은 계속되었다.

 블라디보스토크에서는 나라 없는 설움을 안고 구사일생으로 귀국하는가 하면, 일본의 동경 경도에서는 신문명의 충격과 일제의 한반도 침탈 야욕의 아픔 앞에서 무력한 자신을 발견해야 했고, 만주에서는 죽을 고비를 넘기기도 하였다. 질풍노도와 같은 삶의 여정이었다. 다시 설악의 품에서 구도자로서의 열정으로 지내기로 하고는 내설악 오세암에서 1917년 12월 3일 밤 10시경 좌선 중에 갑자기 바람이 불어 무슨 물건이 떨어지는 소리를 듣고 의심하던 마음이 씻은 듯 풀렸다. 그래서 깨달음의 시 오도송을 남겼다.

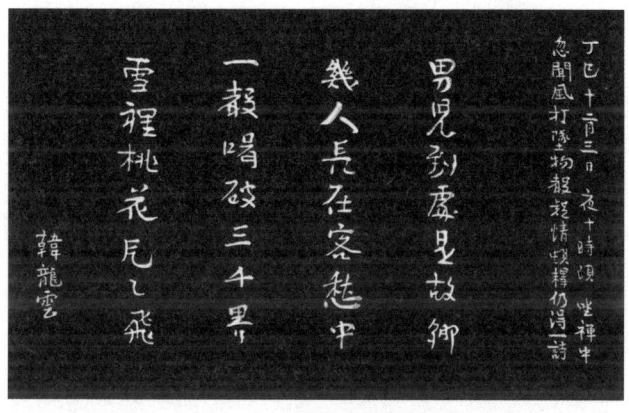

만해 한용운의 깨달음의 시 "오도송" 친필 서각

男兒到處是故鄕　남아란 어디나 고향인 것을
幾人長在客愁中　그 몇 사람 객수 속에 길이 갇혔나.
一聲喝破三千界　한마디 큰소리 질러 삼천 대천세계 뒤흔드니
雪裡桃花片片飛　눈 속에 복사꽃 붉게 피네.

　시대정신을 꿰뚫어 본 만해는 붉게 피어나는 그의 마음을 전봉만학이 우쭐대는 설악의 깊은 골싸기에 파묻을 수만은 없었다. 역사 현실을 직시하는 불교, 시대정

신을 실천하는 불교가 진정한 종교라는 신념은 깊어갔다. 그는 역사의 수레바퀴 속에서 대중과 함께 불타정신으로서 불교의 이상을 실현시켜야 된다고 역설하면서 봄눈이 미처 녹기도 전에 다시 시민의 품으로 달려왔다.

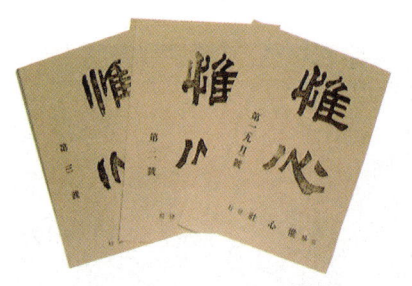

『유심』 1, 2, 3호 표지(1918.9,10,12.)

1918년 4월 서울로 돌아온 그는 먼저 민중의 눈과 입을 열게 할 수 있는 방법으로 종합교양잡지 『유심惟心』(1918.9.1.)을 창간하여 종교를 역사화하고 시대화하는 작업에 열정을 바쳤다. 『유심』지의 발행소는 종로 계동 43번지의 '유심사'였으며 만해의 처소이기도 했다. 『유심』지 창간호에 '心'이란 시를 통하여 "心은 절대며, 자유며, 만능"이라고 갈파하였다. 민족의 자주독립을 주장한 만해의 역사인식 틀과 시대정신을 읽을 수 있는 시다. 불교 근대화와 신문화 운동의 전개로서 민족의 정통성과 자존성을 가진 우리 청년들에게 용기와 신념을 잃지 말라는 내용을 담아낸 잡지였다. 이후 서울 계동 유심사는 우국지사들이 하나둘 모이는 민족의 사랑방이 되었다. 『유심』지 편집 겸 발행인은 한용운이었고, 국판 65쪽 안팎이며, 판매가

『유심』 창간호에 실린 '심'

는 18전이었다. 집필자는 대부분 3·1운동의 주역이었던 고우 최린, 육당 최남선, 현상윤 등이고, 불교계의 인사로는 박한영, 백용성 스님 등이 참여했다. 당대 명사들이 참여하여 청년의 교육과 수양에 관련된 글들이 실린 종합교양잡지의 성격을 띠었다. 창간호에는 한용운의 〈조선청년과 수양〉, 최린의 〈시아수양관〉, 최남선의 〈동정 받을 필요 있는 자 되지 말라〉 등이 실려 있다.

『유심』잡지 제3호를 만늘 무렵 세계정세는 급격히 변하고 약소민족의 자주독립을 주장하는 소리가 높아갔다. 1918년 년 초부터 윌슨의 민족자결주의가 제창되었고 그 영향은 컸다. 세계의 시대적 조류가 과거의 군국주의의 침략행위를 용납하지 않는다는 점과, '국제연맹과 민족자결은 세계의 공언이며 희망의 조건이 아니리 기성의 조건'임을 강조하였다. 만해에게 민족자결주의는 민족

독립이념으로써 그리고 패전국 민족뿐만 아니라 모든 약소국문제를 해결하기 위한 보편타당한 세계이념이어야 한다는 것이었다. 월슨의 민족자결주의를 뛰어넘는 자결(自決)론이다. 자유, 평등, 평화의 정신에 입각한 민족자결 원칙에 따라 조선 독립은 시간문제일 뿐, 반드시 성취될 것이라는 정의론에 만해는 확신에 차 있었다. 민족의 자결은 세계 전 민족의 문제로 파악하고 승화시켰다.

만해 한용운은『유심』지를 민족사상지, 언론지, 3·1운동의 전위지로 발전시키려 하였다.『유심』지의 활동을 통해 암울했던 역사 현실에서 민족의 정신문화를 선도하며 사상지로서, 언론지로서의 국민정신을 선도하였음은 주목할 사실이다. 이 잡지가 같은 해 12월 1일 3호로 종간을 맞았다. 3호에는 안타까운 기사가 하나 있다. 1·2호에 연재되던 타고르의 〈생의 실현〉은 작품이 검열에 걸려 연재치 못하니, 즉 총독부의 뜻에 맞지 않으니(微意) 살피시오(諒)라고 하였다. 만해로서는 충격이었다.『유심』지 종간의 배경이 총독정치와는 방향을 달리하나 이렇게 빨리 올 줄은 몰랐다.『유심』지는 3·1운동과 직결되어 있었다는 점을 직시해보면 3·1운동의 전위지였음이 더욱 명백해진다.『유심』지는 민족의 정신문화를 선도한 사상지로서의 위치를 유감없이 발휘하였다. 창간호에서부터 독자와 함께 호흡하기 위하여 '현상 문예'란을 만들었다. 현실에 뛰어들어 일반 대중의 이상과 그 마음이 소리 없이 표현된 현실 속에서 그들과 함께 호흡하려는 좋은 귀감의 잡지였다.『유심』제3호에는 '현상 문예'란 당선 결과가 발표되면서 대중들의 관심은 폭발적인 것이 되었으나 그것이 비운의 싹이 되어 종간을 맞이하였다.

   정리해 볼 수 있다. 첫째,『유심』지는 민족 전통 문화지이면서 사상지, 언론지로서의 역할을 하였다. 둘째, 3·1운동 전위지의 수단이었다. 만해는 언론 활동을 통해 세계정세의 흐름을 파악하였다. 셋째, 독자와 함께 호흡을 하고자 현상 문예란을 만들어 홍보했다. 넷째, 시대정신을 바탕으로 대중의 생각과 그 마음을 소리 없이 반영한 귀감의 잡지였다. 유심 지 2호는 인사동에서 구하였고, 1호는 국립중앙도서관에서 3호는 개인이 소장하고 있음을 확인하고 양해를 구하여 1981년에 영인 인출하여 기념관의 자료로 보존, 전시에 활용되고 있다.

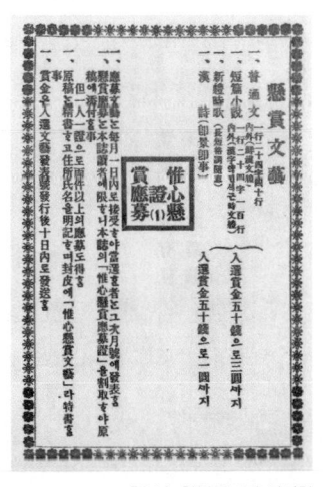

『유심』창간호부터 실시한 현상문예란의 모집 공모 내용

삶의 지혜가 담긴 영원한 고전
『정선강의 채근담採根譚』

　최고의 지혜를 자랑하는 책으로 서양에서는 『탈무드』를, 동양에서는 『채근담』을 꼽을 것이다. 『채근담』은 인생의 나침반이요, 자기 계발서다. 명나라 말기 홍응명(洪應明)이 유·불·도의 정수를 뽑아 엮은 이 책은 머리가 아닌 가슴으로 읽고 느낄 수 있는 경전 같은 책이라 할 수 있다.

　『정선강의 채근담精選講義 採根譚』은 만해 한용운이 1917년 4월 4일에 신문관에서 해설을 덧붙여 번역 출판한 초판본과 그 후 1921년 3월 15일 동양서원에서 재판 발행한 두 가지 판본이 있다. 책의 크기는 가로 11cm 세로 15.5cm이며 276페이지의 소책자다. 신문관 본과 동양서원 본은 동일 판본이나 출판사만 다른 것으로 보인다.

만해 한용운의 『정선강의 채근담』은 해설을 붙여 우리나라 실정에 맞게 재편성하여 출판된 책이다. 승려의 신분으로 러시아의 블라디보스토크, 일본의 동경,

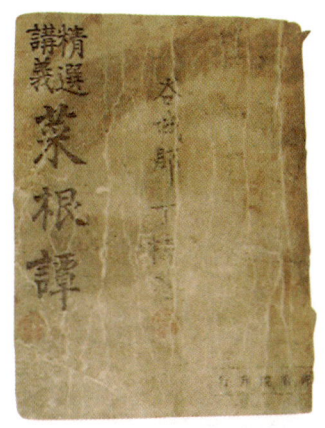

신문관에서 발행한
『정선강의 채근담』(1917.4.6.) 표지

경도, 마관, 중국의 동북 삼성. 즉, 요령성, 길림성, 흑룡강성 등 신문물을 접하고 돌아온 만해는 식민지 백성으로서 인생의 길잡이가 되고 가슴으로 세상을 사는 법도를 깨우치게 하기 위하여 이 책을 세상에 내놓았다. 책의 내용은 인생을 살아가는 법도에 대한 지혜와 마음의 사색, 우리가 일상생활 속에서 만나게 되는 여러 가지 상황에 대한 마음가짐과 몸가짐에 대해 어떻게 살아야 할 것인가에 대한 삶의 나침반을 제시해 주는 내용이다.

만해 한용운『정선강의 채근담』1장 수성(修省) 편은 마음을 바로 보고 다스릴 수 있도록 하는 교훈들이 들어있어 삶을 살아가는 데 많은 도움이 될 수 있는 명구들이 담겨 있다. 2장 응수(應酬) 편은 모든 사물과 접촉해서

일어나는 일들을 관찰하고 느끼며 삶의 살아가는 데 지침이 될 수 있는 내용이 담겨 있다. 3장 평의(評議) 편은 행동과 마음에서 일어나는 잘잘못을 느끼어 깨우치고 반성하며 삶의 되돌아 볼 수 있도록 하는 가르침들이 담겨 있다. 4장 한적(閒適) 편은 여유를 가지고 모든 사물과 대화하듯 유유자적하게 살아가는 방법을 알려주는 글들로 채워졌다. 내용 하나하나가 시적 표현이 넘치며 탁월한 대구는 멋스럽기 그지없다. 그리고 그 이야기의 소재와 내용이 우리와 동떨어져 있지 않고 아주 밀접하게 관련이 있음을 알 수 있다.

아름다운 보석

정제된 금(精金)과 아름다운 옥(美玉)은 뜨거운 불 속에서 고도의 단련을 받고 탁마(琢磨)의 공을 가한 후에야 한 점의 흠도 없이 썩 아름다운 보배 그릇을 이루는 것이니 인격을 이루는 것도 이와 같아서, 금옥과 같이 강직 명석하고 아름다운 품격을 갖추고자 하면, 반드시 뜨거운 불과 같은 곤란하고 위험한 역경 속에서 그 정신을 단련하고 뜻(志)과 기(氣)를 갈고 닦아서, 나약하고 거친 마음의 때를 해탈해야 할 것이라.

그러므로 천추(千秋)의 충렬(忠烈)과 만고(萬古)의 절의(節義)는 날카로운 칼날을 밟고 뜨거운 피를 뿌리는 의롭고 괴로운 위험 속에서 나오고, 세상에 드문 영웅과 당대에 없는 호걸은 아홉 번 죽고 열 번 살아나며, 만(萬)번 패하고 한 번 성공하는 어려움을 겪은 뒤에 얻는 것이니라. 이와는 반대로 어려운 역경을 피하고 안일하게 순탄한 경우만을 좋아하는 사람은 하나의 연약하고 비루한 자가 될 뿐이라 어찌 정제된 금(精金)과 아름다운 옥(美玉)과 같은 인품을 바랄 수 있으랴.

-만해 한용운의 풀뿌리이야기 中에서-

『정선강의 채근담』에 실린 '아름다운 보석'

만해 한용운의 『정선강의 채근담』에 '진정한 영웅'이
란 글이 있어 소개하면 다음과 같다.

> 작은 일에도 얇은 얼음을 밟고 지나가듯이 삼가고, 조심하
> 여 빠뜨리지 않고, 어두운 속에서도 큰 손님을 뵙듯이 공경
> 하고, 두려워하여 속이거나 숨기지 않고, 일을 마친 후의
> 끝판에도 처음 마음과 같이 부지런하여 게으르지 않으면,
> 이러한 사람이 곧 결점 없는 진정한 영웅이니라.

만해의 『정선강의 채근담』의 책 광고가 잡지 『유심惟
心』(1918.9.1.) 창간호에 실려 있다. 오늘의 독자에 대해서도
그대로 호소하는 힘을 가지고 있다. 광고 글 내용을 살
펴보면 다음과 같다.

> 정신의 수양과 文학의 향상은 실로 오늘날 우리 조선의 절
> 실한 요구이다. 이 책은 세상에 드문 걸작에다 뛰어난 강의
> 를 덧붙인 것으로 비록 작은 책자이기는 하지만 반드시 세
> 상 모든 사람의 공감을 불러일으킬 것이다. 독자께서 참으
> 로 우수한 인물이 되기를 원한다면 이 양서良書를 읽고 남
> 에게 뒤떨어져서는 안 된다.

이 책을 읽고 각자 저한 자리에 따라 바른 생각과 실
천을 한다면 우리 모두 각자의 채근담을 마음에 담아 실

천하게 될 것이다. 『정선강의 채근담』은 한용운 자신이 누구보다 채근담이 가르쳐주는 격언대로 살고자 노력한 지침서였다. 한용운은 이 책의 서문에서 다음과 같이 강조하고 있다.

> 홍진紅塵[6]이 가득한 속세에 살아도 떠도는 구름이나 흐르는 강물에 대한 취미를 잃지 말고, 소슬하고 적막한 곳에서 지내면서 천하를 구제할 뜻을 품고 지내야 하겠습니다. 곤궁하고 참담한 지경에 처해서도 솔개가 날고 물고기가 뛰어오르는 듯한 자연의 활기에 몸을 맡기고, 권력과 복락을 누리며 살 때에도 깊은 물가에 다가가며 살얼음을 밟을 때처럼 경계를 늦추지 말아야 합니다.

『채근담』이 명작에 꼽히는 이유가 있다. 좋은 책은 몇백 년이 흘러도 사람들이 몇 번을 보아도 자꾸 보고 싶은 책이다. 특히 바쁘게 살아가는 현대인들에게 권하고 싶다. 지난날을 되돌아 볼 수 있는 여유와 마음을 다스릴 수 있는 근기를 길러 삶을 살아가는 데 지침서가 되길 바라는 마음으로 이 책을 만해 한용운은 펴냈다.

만해 한용운의 삶과 뜻이 배어 있는 『정선강의 채근담』은 1971년 늦가을 청계천 고서점에서 우연히 발견하여 50여 년을 간직하면서 삶의 지혜가 필요할 때마다 펼

---

6 홍진(紅塵) : 번거롭고 속된 세상을 비유적으로 이르는 말.

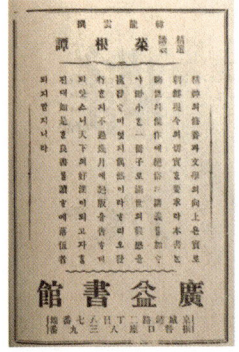 

신문관에서 발행한 『정선강의 채근담』(1917.4.6.) 판권 | 신문관에서 발행한 『정선강의 채근담』(1917.4.6.) 광고

쳐보는 옹달샘 역할을 해주었다. 올바른 삶의 자세가 어느 때보다 더 요구되는 현실이다.

만해기념관 소장품 『정선강의 채근담』은 전시 패널과 원전 책으로 전시되어 있으며 많은 후학에게 영향을 미치는 고전이 되었다. 마지막으로 채근담의 한 구절로 마무리하고자 한다.

> 천하를 구제할 뜻을 품고 지내야 한다. 자연의 활기에 몸을 맡기고 경계를 늦추지 말아야 한다. 가는 곳마다 자유세계가 있을 것이매 어느 날이 득의得意의 시절이 아니리요.

대자유인의 철학과 인류의 화합과 평화를 위한 만해 한용운의 큰 삶의 지표를 보는 것 같다.

선의 묘리를 파헤친
『십현담주해十玄談註解』

불교를 교(敎)와 선(禪)으로 나눈다면 만해 한용운의 교는 『불교대전佛敎大典』이요, 선은 『십현담주해十玄談註解』라고 말할 수 있다. 만해 한용운의 선문 이치를 담아낸 『십현담주해』는 1925년 6월 내설악 오세암에서 편찬되었다. 만해는 3·1독립운동으로 3년 최고형(1919~1922)을 치르고 내설악 오세암으로 돌아왔다. 매월당 김시습이 1475년 오세암에 들어와 수도할 때 『십현담주해』의 원전인 『청량주淸涼註』에 다시 주를 보태어 서술한 『십현담요해十玄談要解』를 발견하였다. 1925년 여름, 만해 선사가 오세암에 머물 때 『십현담요해』의 유현(幽玄)한 게송이 매월당 김시습의 생애를 닮은 듯하여 마음의 공명을 일으켜 만해 선사도 『십현담주해』을 찬하게 되었다.

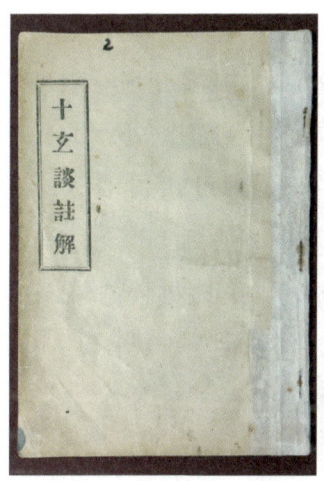 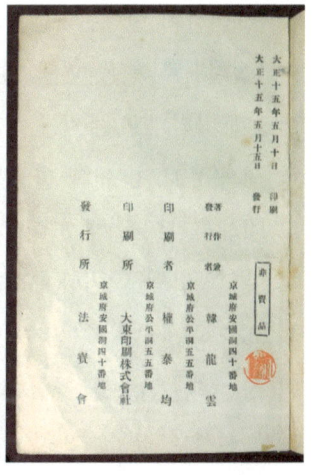

법보회에서 발행한 만해의 『십현담주해』 (1926.5.15.) 원본 표지   법보회에서 발행한 『십현담주해』 (1926.5.15.) 판권

『십현담十玄談』은 당나라 상찰 선사(常察禪師)가 저술한 선화게송이다. 분량은 얼마 되지 않으나 그 뜻은 자못 깊고 오묘하여 예로부터 함부로 풀지 못하는 것으로 전해져 왔으나 딩니리 청량 국사가 뜻을 쉽게 품이한 바 있다. 청량 국사는 화엄경을 비롯하여 내외의 여러 경전에 능통하였으나 선(禪)에 관한 것은 오직 이『십현담』에 대한 주석서 한 권이 있을 뿐이다. 중국에 청량 국사의 주(註)가 있고, 우리나라에 매월당이 다시 해석한 또 다른 주(再註)가 있다. 그럼에도 『십현담』은 여전히 이해하기 어려운 것으로 남아 있다. 청량의 주와 매월당의 주는 거기에 담겨 있는 깊은 뜻에 이르러서 두 사람의 소견이 일치하기도 히고 혹은 차이가 있기도 하다.

그리하여 만해는 『십현담』에 비(批)와 주(註)를 참조하여 『십현담주해』를 펴낸 것이다. 여기에 만해의 견해가 어떻게 나타나 있는지를 살펴보자. 가령 '심인(心印)'에 대한 해석을 보면, 만해 한용운 선사의 비·주가 문장도 좋고 이해하기도 쉽게 되어 있다. "허(虛)에 화장(化粧)을 한다."는 청량의 말이나, '직지인심'이라는 매월당의 표현과 비교하면, 만해 한용운 선사의 설명은 마음의 체(體)와 상(相)과 용(用)을 들어 직접적으로 쉽게 풀어 놓았다. 만해 선사의 경우는 평범한 문장 속에 날카롭고, 특별한 지혜가 깃들여 있는 것이 그 특징이다. 결국 선(禪)에 대한 이해가 깊었기 때문이다. 이해가 깊지 않고서는 표현이 쉬워질 수가 없다.

한용운의 『십현담주해』 서문의 내용 전문을 살펴보자

> 내가 을축년 여름 오세암에서 지낼 적에 우연히 십현담을 읽었다. 십현담은 동안 상찰선사同安 常察禪師가 지은 선화禪話로, 글은 비록 쉬우나 뜻이 심오한 데가 있어 처음 배우는 이는 그윽한 뜻을 엿보기 어렵다. 원주原註가 있으나 누가 붙였는지 알 수 없고, 또 열경주悅卿註가 있는데, 열경이란 매월 김시습의 자字이다. 매월이 세상을 피해서 산에 들어가 중 옷을 입고 오세암에 머물 때에 지은 것이다. 두 주석을 가지고 원문의 뜻을 해석하는 데는 충분하나 말 밖에 포

함되어 있는 뜻을 밝힘에서는 더러 나의 소견과 다른 바가 있었다.

대저, 매월이 지키는 바의 지조는 세상과 서로 용납되지 않아 구름과 수풀에 떨어져서 때로는 원숭이와 같이, 때로는 학과 같이 하기도 하며 마침내 당대에 굴하지 않고 스스로 천하 만세에 몸을 결백하게 하였으니, 그 뜻은 괴로웠고 그 정은 비분함이 있었다. 또한 매월도 십현담을 오세암에서 주해했고, 나도 또한 오세암에서 열경의 주해를 읽었다. 사람들이 접한 지는 수백 년이 지났건만 그 느끼는 바는 오히려 새롭구나. 이에 십현담을 주해한다.

- 을축 유월 칠일 오세암에서 한용운 씀

만해 한용운 선사의 선의 묘리를 파헤친 『십현담주해』는 1925년(을축년) 6월 7일 오세암에서 마무리되었고, 출판은 다음 해인 1926년 5월 15일 인곡동 40번지 법보회에서 발행되었다. 『십현담주해』 원본 자료집은 어렵기도 하거니와 눈에 띄지 않는 33페이지 밖에 되지 않는 작은 책자였다. 만해 선사의 저술 중 1913년 『조선불교유신론』, 1914년 『불교대전』, 1917년 『채근담』, 1926년 『님의 침묵』, 1928년 『건봉사본말사적』, 1942년 『경허집』 등은 모두 수집했다. 그러나 작은 책자이지만 만해가 직접 편찬한 선의 현묘(玄妙)한 이치가 담긴 1926년 『십현담주해』만큼은 눈에 띄지 않았다. 그럴수록 『십현담주해』의 원전 보기는 더욱 간절해졌다.

하루는 서지가 해오 선생님께 『십현담주해』 원본 책은 발견되지 않는다고 말씀을 드렸더니 논현동 자택에 한 번 다녀가라는 말씀이 있으셨다. 무슨 말인지 눈치채고 강남 논현동의 선생님 댁을 방문하여 책 이야기를 꺼냈더니 서가에 따로 두었던 책을 내놓으시며 책값 5만 원을 내놓으시라는 말씀이었다. 필자는 좀 당황하면서 아마도 급히 돈 쓰실 일이 생기셨던 모양이라고 상상하면서 두말없이 5만 원을 드리고 그 책을 인수하여 소장하게 되었다.

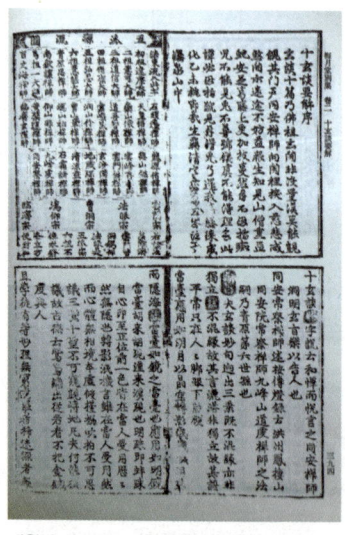
매월당 김시습이 편찬한 저술 『십현담요해』

40년 전의 일이었다. 해오 선생은 왜 돈 5만 원을 요구하였을까. 내 상상이 맞을까 지금도 그 이유가 궁금하다. 책은 33페이지밖에 안 되는 작은 책이지만 귀한 책이고 만해 한용운의 선의 세계를 이해하는 첫걸음의 책이

『십현담주해』 프린트본. 화엄정사라는 고무인이 찍힌 프린트본이다

다. 이로써 만해 한용운 선사가 저술한 원본 자료들은 완벽하게 수집하였다. 그리고 만해기념관을 남한산성으로 옮기고 난 후에 『십현담주해』의 프린트본이 따로 있는 것도 알게 되었다. 후일 누가 언제 만들었는지 판권이 없어 확실치는 않으나, 曼曉, 太虛, 無碍, 碧虛 등이 소장한 필사기록이 있고 화엄정사(華嚴精舍)라는 고무인이 찍혀 있는 필사본을 발견하였다. 현재는 원본 활자본과 프린트본 각 1권씩 2권을 소장하고 있다.

만해가 당시 직접 발행한 원전 책들은 만해 한용운의 선의 세계를 논하며 심층 연구에 이해를 돕는 귀중한 자료가 되었다. 이 원전 자료들은 만해기념관에서 전시, 교육자료로 적극 활용하고 있다.

사랑의 증도가
『님의 침묵』

'님은 갔습니다. 아아, 사랑하는 나의 님은 갔습니다.'로 시작되는 만해 한용운의 한 권의 시집 『님의 침묵』은 우리 국민 누구나 중 고교 시절에 한두 편은 접하였고 외웠던 시들이다. 그렇기 때문에 『님의 침묵』 시집이 출간된 이후 95년이 지난 현재까지 200여 종류의 판본을 간직한 시집으로 국민적 사랑을 받는 시집이 되었다.

『님의 침묵』은 1925년 8월 29일 내설악 오세암에서 탈고되어 1926년 5월 20일 서울 회동서관에서 초판이 발행되었다. 시집의 제목 『님의 침묵』의 붉은 글씨는 만해 자신의 글씨다. 이 시집의 서문격인 '군말' 자체도 붉은색으로 인쇄하여 중요성을 강조하였다. 시집 발행 당시에는 한글에 대한 맞춤법이나, 띄어쓰기 등이 정리되지 않았던 시기였다. 만해는 현대시의 새벽을 열면서도 우리 문학의 전통인 운율과 고저장단에 맞추어 시를 썼다. "『님의 침묵』 시집의 운율적 기교 표현은 지금까지 우리가 아는 한국어의 운율적 효과를 나타낸 최고의 작품으로 찬사를 받으면서 우리 역사에 던져진 새로운 시집인 것이다."란 평을 이미 출판 당시에도 받았다.

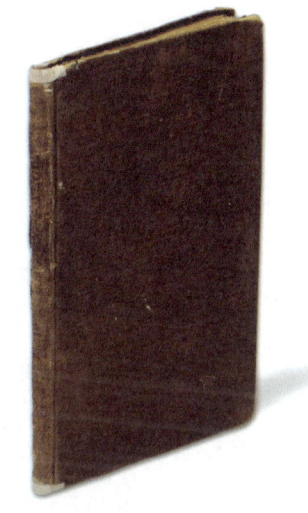

회동서관에서 발행한 『님의 침묵』 초판
(1926.5.20.) 표지

이후 1933년 10월 19일 조선어학회에서 한글맞춤법통일안이 제정 선포되고, 1934년 7월 30일 한성도서주식회사에서 한글맞춤법 제정에 따라 『님의 침묵』 중 '군말'만 맞춤법을 따라 표기한 재판이 발행되었다. 광복 이후 1950년 4월 5일 한글맞춤법통일안에 따른 한성도서주식회사본 초판본으로 전면 개편되어 10여 판이 출판되었다. 그리고 1960년대는 진명출판사 본으로 발전되어 현재에는 200여 곳의 출판사가 가세하여 판본 수에 있어

회동서관에서 발행한 『님의 침묵』 (1926.5.20.) 초판의 군말

서도 최고의 시집이 되었다.

다양한 출판이 이루어져 『님의 침묵』이 세상 속에서 빛을 본 것은 대단히 좋은 일이었으나 국정 교과서에 실린 '님의 침묵'의 시가 원전과 다른 것을 발견하고, 정확한 어휘와 내용 전달도 매우 중요한 일인데 우리의 출판 문화는 성숙하지 못한 상황에서 베끼고 또 베끼다 보니 시어의 혼란이 극심해졌다. 원전 비평이란 없던 시절이었다. 그러므로 『님의 침묵』 시집 원전인 초간본 확인은 매우 절실한 과제였다. 인사동, 청계천 고서점에 수소문하여도 도무지 찾을 길이 없었다. 그러던 중 1970년 중반 무렵에 우리나라에서도 고서적 경매 시장이 열린다는 소식을 접하였다. 한걸음으로 달려간 광화문 HB문고에

회동서관에서 발행한 『님의 침묵』(1926.5.20.) 초판 속표지

서 고서 경매가 열렸는데 『님의 침묵』 초간본이 나온 것이다. 경매가격은 당시로서도 대단히 높게 책정되어 경매뇌기보다는 이런 책이 있다는 홍보용 같았다. 그동안의 사정을 얘기하고 책값의 현실화를 요구하였지만 일언지하에 거절당하였다. 그러나 소장자를 알게 된 것만도 큰 수확이었다. 필자는 기회 있을 때마다 그 책의 소재를 확인하면서 1년여 만에 당시로서는 대단히 큰 금액을 주고 소장하게 되었다.

만해 한용운의 대표적인 시집 『님의 침묵』에서 '님'은 누구일까? 님이린 단어에 초점을 맞추어 살펴보면 그것은 시집이다. 그러나 『님의 침묵』에서 '침묵'은 어떤 의미일까를 따져보면 그것은 철학서다. 즉 자유, 평등, 평화의 사상을 침묵 속에 담고 그 침묵의 노래를 상징적 '님'으로 투영했다. 만해의 시는 시이면서 철학적이고, 종교적인 분위기가 감도는 시이다. '님'은 '님' 속에 없다. 그것은 '침묵'의 프리즘을 통과하고 나온 말이 '님'이기 때문이다. '님'은 '침묵' 속에 있을 뿐이다. 태초의 세계는 고요요, 침묵이었다. 우주 근원적 절대의 세계는 '고요'요, '침묵'이다. 이 '고요'와 '침묵'이 어둠(無明)을 만나 삼라만상의 세계를 만든다. 즉 삼라만상의 모든 존재는 인(因)을 만나서 과(果)를 맺는 과정을 통하여 존재의 의미에 답하고 있다. 이런 근원적 문제를 제기하면서 『님의 침묵』을 살펴보면 "이것은 시집이 아니라 사랑의 증도가, 깨침의 소리, 즉 팔만대장경을 한글로 축소, 농축한 철학서다."라고 말할 수밖에 없다.

한글은 소리글이기 때문에 철학을 담아내는 데 한계가 있다고 말하는데 그런 한계점마저 뛰어넘은 위대한 최초의 한글 철학서. 『님의 침묵』이 '침묵'의 역설을 통하여 사자후를 토해내었기 때문에 독자들로부터 사랑을 받는 증거이자, 또 국민적 영향이 큰 시집이 된 것이라는 뜻이다. 그러므로 '님'은 우리들의 맑은 영혼이고, 또 종교적 신념의 결정이다. 그것은 말로 설명되고 해석되기 이전에 이미 그것 자체이다. 그러므로 '님'은 '침묵'할 수밖에 없다. '침묵'으로 일관하면서 진리 그것 자체를 표현하는 말이다. 존재 자체는 입을 열어 말을 할 수 없다. 언어 이전의 존재이므로 언어로 형상화되는 순간 그 자체는 이미 아니다. 그래서 '침묵'으로 일관한다. 그러므로 말할 도리가 없다. '침묵'의 미학이라고 말할 수밖에 없다. 『님의 침묵』은 21세기에 저 석굴암의 대불과 비견될 수 있는 창작물이다. 시를 어떻게 쓸까를 고민하는 사람들이나, 전통을 생생하게 가슴에 지니고 미래를 어떻게 개척하며 살까를 고민하거들랑 『님의 침묵』을 펼치라고 송욱 교수의 견해를 우리는 경청할 필요가 있다.

한용운의 『님의 침묵』은 역사의식과 시대정신의 표현물이다. 그렇기에 그는 시를 쓰되 영원으로 도피하지 않았다. 무덤을 황금으로 그물 칠 수 없었고 피 묻은 깃대를 세우고자 절규했던 역사를 남겼다. 그렇기에 그의 시는 폭넓고, 깊은 철학적 사유가 담겨 있다. 『님의 침묵』이란 시집은 계속 우리 민족의 가슴과 가슴으로 전해지는 시집이었고, '님'은 누구이고 '침묵'이 어떤 침묵인지 알 수 있게 된 것으로 우리에게 큰 울림을 들려주는 시집이요, 한글로 된 철학서를 갖게 된 우리들의 자랑이다.

1926년 『님의 침묵』 초간본 발행 이후 200여 판본의 수집, 정리, 분석, 그리고 판본 특별 전시를 통하여 시집 『님의 침묵』이 갖는 어휘와 용례에 대한 징확한 뜻을 헤아려 보는 작업은 매우 의미 있는 일이라고 생각하였다. 그 중에서 정본 『님의 침묵』 시집을 만들어 출간(1980.12.20.) 함으로써 원전 비평이란 새 장을 열었다. 우리도 시집의 경우 원전을 통한 비평이 이루어질 때 올바른 가치 판단이 이루어진다는 소중한 경험을 갖게 되었다.

1995년 10월에 현대불교 신문사에서 82권의 판본을 모아 특별전을 개최하였고, 2003년 9월에도 『님의 침묵』 판본 특별전을 만해기념관에서 열었다. 그 당시에 130여 종을 판본을 모아 특별 전시를 하였다. 이제 『님의 침묵』 판본이 200종을 넘었으니 판본 특별전을 통하여 책 표지 디자인, 종이 재질, 제책 방법 등 시대별 출판의 흐름을 살펴 볼 좋은 기회가 왔음을 인식하며 기념관의 새로운 전시 기획을 꿈꾸어 본다.

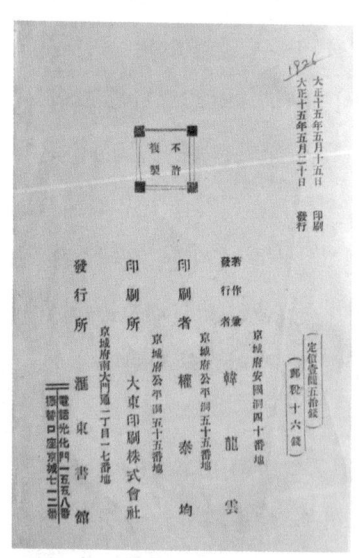

회동서관에서 발행한 『님의 침묵』(1926.5.20.) 초판 판권

선의 종풍을 활화산처럼 타오르게 한
『경허집鏡虛集』

　　근현대 한국 불교의 큰 산맥인 경허 선사는 구한말부터 일제강점기에 이르는 격동기를 살았다. 조선왕조에서 사그라졌던 불법(佛法)의 불씨를, 그리고 선의 종풍을 활화산처럼 타오르게 하였다. 또한 숱한 기행과 일화에서 보듯, 그는 막힘없는 대자유인의 삶을 살았다. 말년의 그의 행적은 자신의 자취를 감추듯 홀연히 세인의 눈에서 사라져, 범부처럼 살다가 입적하였다. 꺼져가던 선의 종풍을 다시 타오르게 한 경허(鏡虛) 선사였다.

　　경허 선사의 제자 만공(滿空)스님은 만해 한용운 선사와 함께 가장 가까웠던 벗(道伴)이었다. "세상에는 사람이 하나 반밖에 없다." 1944년 6월 29일 성북동 북향집 심우장에서 만해의 열반 소식을 접하고 한 말이다. 그러므로 그 하나는 만해 선사를 말하고 반은 누군지 모른다. 아마도 자신이 아닌가 하는 추측을 할 뿐이다. "만해가 없는 서울은 내가 갈 일이 없네." 하고는 시자를 불러 행장을 꾸리게 하고는 서산 간월도의 간월암으로 들어가 100일 기도를 시작하여 마치는 날이 1945년 8월 15일 조국 광복의 날이었다. 이렇게 선지가 깊은 두 선지식의 마음에 의기가 투합하여 만들어진 『경허집鏡虛集』에 대하여 살펴보고자 한다.

한용운이 편찬한 『경허집』 (1943.3.) 표지

『경허집』에 실린 경허의 초상

하루는 불교 잡지사에 만공스님이 불쑥 나타나 보따리를 주섬주섬 풀더니 "이것이 그동안 내가 모았던 우리 큰스님 경허 행장과 글이네. 이 자료를 중심으로 경허 어록을 만들고자 하는데 자네가 책 만드는 전문가니 알아서 맡아 주어야 하겠네." 하였다. 평소에도 존경하던 경허 선사의 어록이라 반갑게 자료를 살펴보니 선지가 깊은 큰스님의 어록임이 풍모와 체취에서 넘쳐나 보였다.

만해 한용운의 『경허집』 서문에 의하면 1935년 이미 만공이 원고를 수집하여 만해에게 부탁한 일이 있었다. 만공은 경허의 행적을 따라 각처에 흩어져 있던 유고를 수집하였다. 만해 한용운에게 넘기며 혹 글자의 누락이나 그릇된 점을 고쳐 교열해 주기를 부탁하였다. 그러나 경허의 말년의 글까지 전부 찾아 완벽을 기한 뒤에 인쇄에 부치자는 주장에 따라 발간이 미루어졌다.

1937년 2월 26일 총독부에서 주관한 31본산 주지회의가 총독부 회의실에서 열렸다. 이것은 조선 불교를 친일화 시키려는 목적에서 계획된 것이었다. 여기에 참석한 마곡사 주지 만공 선사는 명 웅변으로 이 회의를 주재하는 총독을 큰 소리로 꾸짖었다. "과거에는 시골 승려들이 서울엔 들어서지도 못했으며, 만일 몰래 들어왔다가 들키면 볼기를 맞았다. 그때는 이같이 규율이 엄하였는데 이제는 총독 집무실까지 들어오게 되었으니 나는 도리어 볼기 맞던 그 시절이 그립다. 우리들이 여기에 오게 된 것은 사내정의(寺內正毅, 초대 총독)가 이른바 사찰령을 내어 승려의 규율을 파괴했기 때문이다. 그러니 경전이 가르치는 것과 같이 사내정의는 무간지옥에 갔느니라. 따라서 남차랑(南次郞) 총독 역시 무간지옥에 갈 것이다." 그리고는 "총독은 부디 우리 불교만은 간섭하지 말고 우리에게 맡겨 달라"라고 큰소리로 꾸짖(一喝)었다.

당시 위세를 떨치던 총독을 바로 앞에 놓고, 만공 선사는 손에 들고 있던 지팡이 주장자(拄杖子)로 마룻바닥을 내리치면서 총독은 무간지옥에 갈 것이라고 호통을 치는 장면은 참으로 얼마나 통쾌하고 시원했을까? 물론 장내는 초긴장이 되었으며, 이제 총독으로부터 무슨 날벼락이 떨어지지 않을까 하고 모두가 숨을 죽였다. 이때 총독은 무슨 생각에서인지 만공 선사를 체포하려는 헌병들을 만류하였다고 한다. 회의는 이런 분위기 속에서 어수선하게 끝났으나 예정했던 대로 총독은 참석자 전원을 총독 관저로 초대하였다. 그러나 만공 선사는 총독 관저로 가지 않고 북향집 심우장으로 만해 선사를 찾아갔다.

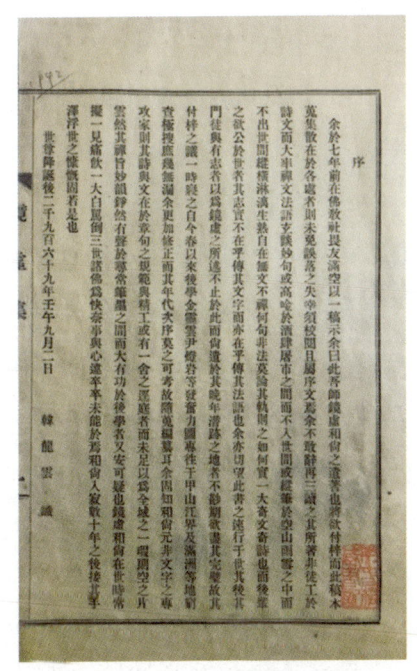

한용운이 쓴 경허집 서문

총독을 호되게 꾸짖은 이 통쾌한 이야기는 금방 장안에 퍼졌다. 이미 이 사실을 전해들은 만해 선사는 만공 선사가 찾아온 것이 너무나 반가웠다. 이윽고 곡차(穀茶)를 놓고 마주 앉아 이야기를 주고받다가 만해 선사는 말을 꺼냈다. "호령만 하지 말고 스님이 가지신 주장자로 한 대 갈길 것이지."라고 하니 만공 선사는 이 말을 받아넘겼다. "곰은 막대기 싸움을 하지만 사자는 호령만 하는 법이지." 그러고 보니, 만공 선사는 사자가 되고 만해 선사는 곰이 되어 버린 셈이다. 그러나 만해 선사는 다시 이 말을 받아 "새끼 사자는 호령을 하지만 어미 사자는 그림자만 보이는 법이지." 당대의 고승인 이 두 분이 주고받은 격조 높은 대화, 즉 법담(法談)은 길이 남을 만한 역사적인 이야기일 것이다.

1935년에 미루었던 『경허집』의 완성을 위하여 다시 김영운과 윤등암 등이 갑산, 강계 및 만주 등지에 가서 경허 유고를 수집 보유하였다. 1942년 6월 다시 발기하고 9월 한용운 선사는 서문을 쓰고 1943년 3월 31일 중앙선원에서 경허 선사의 시가와 산문을 엮어 『경허집』을 발행하였다. 이 책을 1978년 보련각에서 영인 인출한 판본을 구하여 귀하게 간직하고 있었다.

1996년 가을 고서 경매시장에 이 책이 나왔다는 연

락을 받고 한걸음에 달려가 보니 한용운 선사께서 직접 발행한 1943년 판 『경허집』이었다. 경매 당일 마음졸이며 경매가 시작된 가운데 결과적으로 필자의 품으로 돌아왔다. 지성이면 감천이라는 말을 되새기며 만해기념관 전시장을 돌다가 눈에 띄면 다시 보게 되면서 혼자 미소 지어 본다.

지금 만해기념관에는 그동안 나왔던 경허 선사의 어록집들, 즉 만해가 1943년에 발행한 『경허집』, 『경허당법어록』(1970), 『경허법어』(1981), 『경허집』(1990) 등을 비교 정리할 수 있도록 다양한 경허 문집들을 정리해 놓았다.

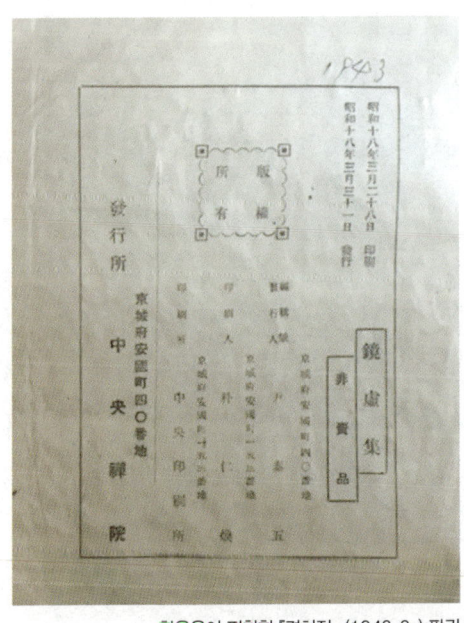

한용운이 편찬한 『경허집』(1943.3.) 판권

4장

만해선사와 경봉스님의 아름다운 만남

만해의 옥중시 석주스님의 묵서로 다시 피웠네!

효당 최범술 스승의 차시 병풍

구름에 용이 나는 만해 한용운의 기상 조종현의 시

독립운동가 일강 신하수선생의 친필 『채근담』 서문과 『조선상고문화사』

만해와 제자들

만해선사와 경봉스님의
아름다운 만남

 양산 통도사 극락암에 주석하셨던 경봉 스님은 1912년 통도사 불교 전문 강원에서 만해 한용운 선사로부터 『화엄경』을 배운 법제자다. 『화엄경』을 통하여 역사의식과 시대정신도 함께 고민했던 스승과 제자였다. 법제자가 된 경봉 스님을 아끼면서 "정석(靖錫)"이란 출가하여 계를 받은 스님(沙彌)의 이름을 지어줄 정도로 배려했다. 만해 선사는 강원의 강의 시간을 제외하고 시간만 나면 통도사 장경각의 먼지 속에 쌓여 있는 경판을 펼쳐보고 경판 속의 주옥같은 경전 구절을 인출하여 훗날 『불교대전』을 1914년에 편찬했다. 통도사 강원의 학인들은 물론 온 대중들이 스님을 존경하며 따랐다. 『불교대전』은 경, 율, 론 3장의 내용을 단계적으로 주제별로 재구성하여

놓은 현대적 불교 성전의 원형이 되었다.

1930년대 중반부터 일제의 황민화 정책이 강도를 점점 더해 가던 시절 통도사의 구하, 경봉 스님은 만해 선사를 걱정하여 통도사에 모시기로 했다. 요시찰 인물이었던 만해 선사는 늘 갈 곳 없는 시련의 연속이었다. 주로 가 있던 곳이 안국동 선학원이었는데 무슨 사건만 생기면 제일 먼저 구금될 뿐만 아니라 주변 사람들까지 괴롭혀야 했기 때문에 늘 불편한 처지였다. 이 사실을 확인한 경봉 스님은 사형(師兄)인 구하 스님에게 서울에서 고생하시는 만해 선사를 통도사에 모셔서 조그만 암자에서 편히 모시자는 대안을 제시하여 사찰 내의 동의를 얻었다. 이 소식을 전해 들은 만해는 간곡한 권유를 받고 통도사로 내려가게 되었다.

만해 선사가 내려온다는 소식을 들은 구하 스님은 신바람이 났다. 도량 청소며 만반의 준비를 해놓고 기다렸다. 스님을 흐뭇하게 해드리려는 마음에서 통도사 일

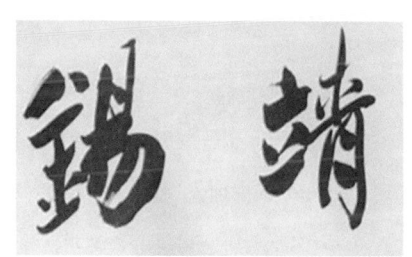

만해 선사가 제자 경봉 스님에게 '정석'이라고 계명을 준 만해 친필

주문 옆 큰 바위에다 '만해 한용운'이라는 기념 글자를 새겨 넣어야겠다고 했다. 이것은 앞으로 자손만대의 기념물이 될 것이라 생각했다. 그러나 만해 선사는 고개를 절레절레 흔들면서 반대했다. "나는 돌에다가는 내 이름을 안 새깁니다. 나는 많은 사람들의 머릿속에 내 이름을 새기면 새겼지 돌에다가 내 이름을 새기지 않겠습니다."라고 거절했다. 두고두고 통도사의 짐이 될 것을 미리 짐작한 만해 선사의 배려였다.

아니나 다를까 양산경찰서에서는 만해 선사를 떠나게 하려고 통도사에 압력을 가하기 시작했다. 통도사 대중들의 불편이 노골화되기 시작했다. 만해 선사가 어느 곳을 가든지 총독부의 앞잡이 조선인 형사가 뒤를 따랐다. 만해 선사는 그 꼴을 더는 볼 수 없어 펜을 들어 '모기'라는 시 한 편을 조선일보(1936.4.5.)에 발표하였다.

> 모기 너는 영웅호걸의 피를 빨고, 어린아이의 피도 빨고, 지조도 없는 얄미운 놈이다. 하지만 너에게도 두 손 합장하고, 크게 배울 것 하나가 있다.
> 그것은 너는 너의 동족의 피는 빨지 않는다는 점이다.

이 시를 본 총독부 앞잡이인 조선인 형사도 만해 선사의 기개와 법력에 눌려 어쩌지 못하고 그만 그곳에서

슬그머니 꼬리를 감추었다. 경봉 스님은 서울 성북동에 조선총독부를 등진 북향집 심우장을 찾아 만해 선사에게 문답을 구하였다. 그것이 '심우장 목부 화상 야월문답'으로 함께 참구하였던 도반이요, 스승이었다. 경봉 스님이 묻고 만해 선사가 답한 대화의 일단을 살펴보면 다음과 같다.

> 문 : 심우장 목부 화상이여, 어느 날 어느 때에 소를 잃었는가. 호를 목부라 하였으니 소를 얻어 기르는 것이 분명한데 집을 심우장이라 하였으니 소를 잃은 것도 분명하구나. 만약 본래 잃지 않았다면 무엇 때문에 소를 찾는다 하며, 또 만약 소를 잃었다면 어떻게 소를 먹인다 할 수 있겠는가.
> 답 : 거북털과 토끼뿔이 나지도 않았는데 어찌 얻고 잃음이 있겠소, 목부가 일이 많아서 부질없이 심우장을 지었네.

경봉 스님은 다시 만해 선사에게 "목부가 할 일이 많다 하니 차 한 잔 드시구려." 하였다. 두 선지식이 나눈 깊은 선의 세계의 단면의 일미(一味)를 맛볼 수 있지 않을까?

1967년 탑골공원 안의 민해 한용운 신사의 추모비 '용운당 대선사비' 건립을 실질적으로 주도한 분도 경봉

만해의 흉상을 세우고 그곳에 '만해 한용운 선사 지상'이란 경봉의 친필

스님이었다. 당시 김현옥 서울시장을 설득한 일화는 경봉 스님의 스승 사랑이 얼마나 곡진하였는지는 널리 알려진 이야기다.

    1972년 만해의 동상을 세우고 그곳에 '만해 한용운 선사 지상'이라고 손수 친필로 쓴 유묵을 남기며 대학생들을 격려하던 모습이 선하다. 그런가 하면 1973년 5월 20일 서울 신구문화사에서 만해 한용운전집(전6권)이 발간되었다. 이 발행을 축하하여 내린 휘호인 '나라사랑, 겨레 사랑 천고의 그 절개 달 가고 해 바뀐들 임의 뜻 가시리'는 만해기념관의 자랑스러운 자료로 남아 방문객들에게 새로운 감흥을 불러일으킨다.

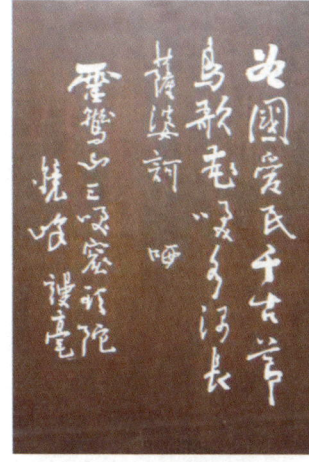 

서울신구문화사에서 발행한 『만해한용운 전집』(1973.7.25.) 출간을 축하하여 쓴 휘호   1979년 만해 한용운 선사 탄생 100주년을 기념하여 남긴 경봉 스님의 추모 시

1979년에는 만해 한용운선사 탄생 100주년을 기념하여 추모의 시를 다음과 같이 남겼다.

> 문 앞의 복사꽃 오얏꽃 외려 바빠서 옛 부처 마음 붉게 만 송이에 뱉었네

경봉 스님의 만해 한용운 선사에 대한 열렬한 추모의 정을 다시금 만해기념관의 자료에서 느끼게 된다. 풍난화의 매운 향내를 토하듯이, 설중매화와 같이 찬바람 눈비를 원망할 것이 없이 만해와 경봉, 경봉과 만해 두 분의 당당한 모습으로 만해기념관에서 해후하고 있다.

만해의 옥중시,
석주 스님의 묵서로 다시 피웠네!

　　만해와의 인연을 소중하게 생각하고 살아온 삶이다 보니 만해의 글과 책으로만 연구하는 것에는 한계를 느끼고 직접 만해를 만났던 사람들의 이야기에 늘 관심을 가졌다. 경봉, 석주, 청담, 환경, 효당, 철운, 청우, 춘성, 탄허, 도문 스님과의 연은 소중한 인연으로 간직하고 있다. 그중에서 석주 스님과의 연은 또 하나의 큰 인연이었다. 1968년도에 첫 상경한 이래 틈틈이 삼청동 칠보사 석주 스님을 찾아뵙고 인사드리고 만해 스님에 관한 이야기 듣기를 즐거워했다.

　　1979년 칠보사 석주 스님을 지근 거리에서 모실 수 있는 칠보사 학생회의 지도 법사의 역할이 주어져 마다 하지 않고 칠보사를 드나들었다. 학생회 법회의 지도 법사로서 청년회, 나중에는 신도회의 지도 법사로 강의를 도맡았다. 토, 일요일의 일상은 칠보사의 생활이었다. 자연히 석주 스님을 가까이 뵐 기회는 많아졌다. 석주 스님은 말이 없으며 시간 틈틈이 늘 종이와 붓과 먹(紙筆墨)을 가까이 두고 있었다. 10여 년의 칠보사의 생활 자체는 일상의 활동이 되었다.

　그런 와중에 석주 큰스님의 유묵(遺墨)을 얻어 불사에 청소년 포교에, 장학회를 만든다 하면서 찾아오는 분들이 많았다. 그것이 꽤나 큰돈이 되는가 보다고 생각하면서 무심하였다.

　1981년 심우장을 만해 기념관으로 개관하면서 전시 작품으로 만해 스님의 독립의 의지가 담긴 한시 몇 편을 받고 싶었다. 하루는 용기를 내어 한용운 한시 중 5편의 옥중 시를 석주 스님의 유묵으로 간직하고 싶다고 어렵게 청을

석주 스님 초상

드렸다. 스님께서는 흔쾌하게 써 주시겠다고 했다. 그리하여 '농산의 앵무새(獄中吟)', '가을의 느낌(秋陽)', '옥중에

서의 이별(贈別)'과 안중근과 매천 황현의 절의를 노래한 만해 시 5편을 부탁드렸다. 스님은 빙그레 웃으시며 흔쾌히 써 주었다. 스님의 단아한 모습과 같은 서체로 써 주신 작품은 늘 만해기념관의 보물이 되어 전시에 활용되고 있다. 족자로 만들어 늘 걸어 놓고 보았던 작품을 30년 만에 새롭게 고급 액자로 만들어 고풍스럽게 기념관의 전시물로 적극 활용하고 있다. 그때의 한순간 생각이 석주 스님의 유묵으로 기념관에 모시고 있는 광영을 누리고 있는 행운을 얻었다.

2019년 3·1운동 100주년을 맞이하여 다양한 전시를 기획했다. 그 중 첫 번째로 기획된 전시는 2, 3월에 진행되는 '만해 한용운의 옥중 시 특별전'과 '3·1운동과 만해 한용운 특별전'이다. 기획전은 3·1운동 민족대표 중 민족 자존을 위해 끝까지 변절하지 않고 민족 자존심을 지킨 만해 한용운의 옥중 시 서예 작품을 전시하는데 석주 스님의 옥중 시 작품이 큰 역할을 하여 전시 작품의 꽃이 되었다.

다섯 점의 석주 스님의 친필 유묵 작품 중에서 자유와 독립에 대한 열망을 표출한 옥중에서 읊는다(獄中吟), 가을의 느낌(秋懷), 옥중 동지를 전송하며 쓴 증별(贈別) 세 편의 시를 소개하고자 한다.

한용운의 옥중 한시 옥중에서 읊는다(獄中吟)는 어느 날 이웃 방과 이야기 하다가 간수에게 들켜 두 손을 2분 동안 가볍게 묶이었다. 이에 즉석에서 읊었다(一日與隣房通話 爲看守窃聽 雙手被輕縛 二分間卽唫)는 주석이 붙어있는 시로서 그 전문은 다음과 같다.

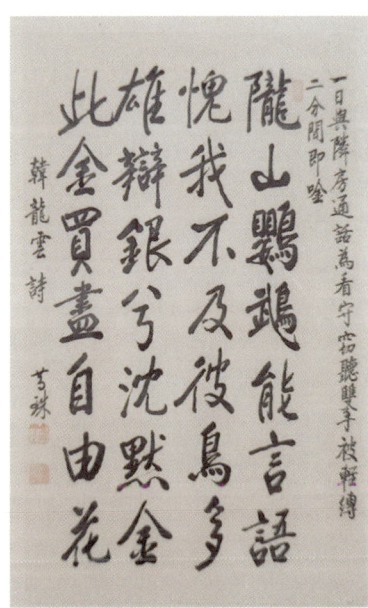

석주 스님의 친필 유묵,
'농산의 앵무새'(만해 옥중 한시)

농산의 앵무새는 말을 곧잘 하는데	隴山鸚鵡能言語
그 새만도 훨씬 못한 이 몸 부끄러워라	愧我不及彼鳥多
웅변은 은이요 침묵은 금이라지만	雄辯銀兮沈黙金
이 금으로 자유의 꽃을 몽땅 사고 싶구나	此金買盡自由花

'자유의 꽃을 사기 위하여 금을 몽땅 써버려도 아깝지 않다'는 독립의 의지를 드러내고 있다. 자유는 만유의 생명이라는 만해 특유의 자유관은 절대 자유자재의 의지를 드러내는 실천 의지다.

가을의 느낌(秋懷)에서는

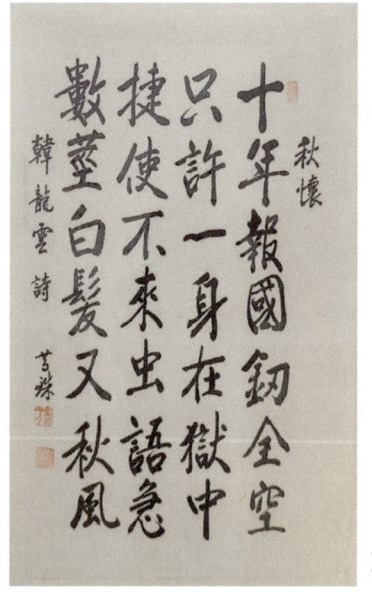

석주 스님의 친필 유묵,
'십년보국'(만해 옥중 한시)

나라 위한 십년이 허사가 되고	十年報國釖全空
겨우 한 몸 옥중에 눕게 되었네.	只許一身在獄中
기쁜 소식 안 오고 벌레 울음 요란한데	捷使不來虫語急
몇 올의 흰 머리칼 또 추풍이 일어	數莖白髮又秋風

옥중에서 가을을 맞이한 쓸쓸함과 흰머리 칼 가을바람에 날리는 한을 극복하려는 의지를 나타내고 있다.

옥중 동지를 전송하며 한용운이 남긴 시 증별(贈別)에서는

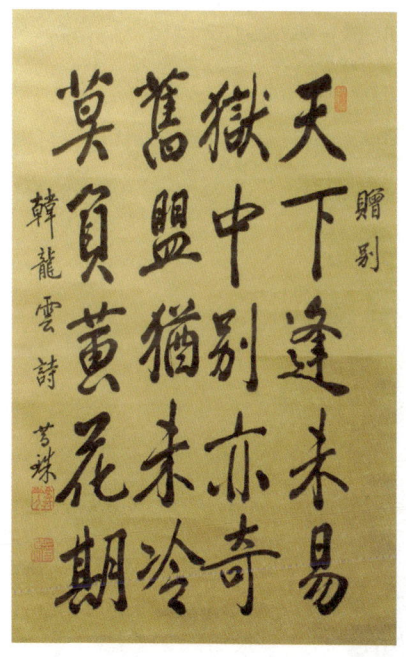

석주 스님의 친필 유묵,
'옥중이별'(만해 옥중 한시)

천하에 만나기도 쉽지 않네만	天下逢未易
옥중에서 헤어짐도 또한 기이해	獄中別亦奇
옛 맹세 아직도 식지 않았거든	舊盟猶未冷
국화와의 기약을 저버리지 말게	莫負黃花期

3·1 독립운동으로 옥중 형기 1년 6개월을 마치고 먼저 옥문을 나서는 동지들을 향하여 마음 변치 말자는 약속으로 국화와의 기약을 저버리지 말자고 당부하였다.

민족의 자존을 지키기 위해 노력한 만해 한용운 선사의 옥중 한시를 통해 한국 근·현대사를 재조명하고, 새로운 자료의 발굴과 활용을 통하여 우리 문화예술의 역량을 한층 더 강화시킬 것으로 본다. 만해 한용운 선사의 정신과 독립 의지는 지금 우리가 현대를 살아가는 데 정신적인 지표로 우리 가슴 속에 영원히 기억 되어야 할 것이다.

석주 스님의 나룻배와 행인 시비
(만해기념관 뜰)

남한산성 만해기념관에서 3·1 독립 정신의 참된 의미를 석주 큰스님의 유묵으로 되새기고자 한다. 이 사회를 이끌어갈 우리에게 만해 한용운 선사의 민족 자주 독립 정신과 역사의식을 석주 큰스님의 유묵으로 다시 재현하여 만나는 소중한 기회를 자주 만들 것을 약속한다.

효당 최범술 스승의
차시 병풍

고향 땅 강릉에서부터 만해 한용운 선사에 푹 빠져 있었다. 그런 와중에 3가지의 꿈이 생겼다. 첫째는 만해의 제자 칠보사 강석주 스님을 찾아뵙고 인연 담이며 생생한 이야기를 듣고 싶은 것이요. 둘째는 일제강점기에도 민족의 자존심을 지켰던 성북동 북향집 심우장을 찾아보는 것, 그리고 셋째는 망우리 만해 묘소를 찾아 참배 드리는 꿈이었다. 서울 가면 이것만큼은 꼭 실천에 옮기겠다는 마음속의 염원이었다.

1968년 2월에 서울로 상경하여 청운의 꿈이었던 3가지 목표를 실천하기 위하여 기회를 엿보았지만, 객지 생활이라 여러 가지 사정이 여의치 못해 쉽게 달성하지 못했다. 1970년 봄이 되어서야 용기를 내어 삼청동의 칠보사 강석주 스님을 찾아뵙게 되었다. 그동안 마음의 갈증이었던 한용운 선사에 관한 이야기를 여쭈어보기 시작하였다. 필자는 그날 이후로 시간만 나면 삼청동으로 달려가 석주 큰스님을 괴롭혔다. 묻고 또 묻고 귀찮을 정도로 질문을 던졌다. 석주 스님께서는 어느 날 이제는 나에게 물어보지 말고 돈암동의 해오 김관호 선생을 찾아보라는 말씀을 했다. 그 길로 돈암동의 해오 김관호 선생님을 만나 만해에 관한 심우장 중심의 이야기를 많이 들었다. 이야기로만 듣다가 자료를 보고 싶은 마음이 생겨 자료에 관한 이야기를 꺼내니 그것은 경남 사천의 다솔사에 계시는 효당 최범술(曉堂 崔凡述 1904~1979) 스님이 보관 중이라고 했다. 그 어른은 서울에 오시면 연락을 주시니 그때 찾아뵈라는 당부였다.

1971년 어느 봄날, 해오 선생님으로부터 연락이 왔다. 효당은 무교동의 재헌동지회관에 계시니 찾아뵈라는 말씀이었다. 재헌동지회관에서 찾아뵙고 정중히 예를 갖추어 3배를 올리니 기특하였던지 만해에 관한 이런저런 이야기를 들려주었다. 그때의 첫인상은 '매우 다정다감한 분이시구나' 하고 생각했다. 처음 본 보잘것없는 학생에게 자상하게 질문에 설명해주셨다. 그리고 방학하면 경남 사천 곤명의 다솔사를 방문하여 친필 자료를 직접 확인하고 공부하라 하셨다.

경남 사천 다솔사(1972.3.)에서 효당 최범술 스님과 함께 한 모습

그해 여름방학을 이용하여 진주를 거쳐 사천행 버스를 타고 곤양면의 다솔사로 찾아갔다. 다솔사는 풍광이 수려하고 고색이 창연한 고찰이었다. 역사가 깊은 사찰로서 효당사의 손길이 가지 않은 곳이 없는 사찰이었다. 더욱이 눈에 번쩍 뜨이는 곳은 만해 한용운 선사가 회갑을 기념하여 손수 심은 '황금측백'이란 나무가 잘 자라고 있었다. 필자는 그 나무를 돌아보면서 만해 한용운과도 소중한 인연을 같이한 사찰임을 느끼게 되니 한층 다솔사가 가까워졌다. 효당사의 거처였던 큰 방으로 인도되어 차 한 잔을 처음 시음하였다. 떨떠름하고 무슨 맛인지 전혀 몰랐다. 자꾸 차를 받아먹으며, 차에 관한 이야기, 원효에 관한 이야기 그리고 만해에 관한 이야기를 3일 동안 들려주었다. 이때의 이 이야기는 신천지의 새로

움으로 가득한 호기심 많은 청년에게는 꿈속의 시간이었다. 효당사는 덕 높은 선지식인데 나는 이렇게 가까이서 이야기를 들을 수 있으니 참으로 먼 길을 찾아는 왔지만 잘 온 걸음이라고 생각했다. 특히 만해 한용운의 원전 자료인 친필 원고들을 직접 대하니 그 감개무량은 무어라 표현할 길이 없었다. 만해의 향훈이 듬뿍 묻어나는 자료를 보니 만해 연구에 더욱 박차를 가해야겠다고 다짐하고 또 다짐하였다.

다시 서울로 상경하려는 학생을 위하여 금강경 사구계를 지필묵에 정서(유묵 자료1)하여 '만해의 제자에 배움의 뜻이 있는 전보삼 경안 효당'이라는 유묵을 주셨다. 나는 너무나 감격하였다. 절하고 또 절을 올렸다. 그날 이후 효당은 필자를 제자로 대하면서 여러 가지 심부름도 시키시면서 서울에서 다시 만날 것을 약속하며 헤어졌다. 이후로 만해와의 인연으로 맺어진 어른들을 정성껏 모실 수 있는 큰 행운을 얻게 되어 마냥 즐겁고 행복했다. 어른들과의 대화는 나를 성숙시키는 좋은 자양분이었다. 효당은 당시 대학생이던 필자의 만해에 대한 열의가 기특하게 여기며 제자로서 효해(曉海)라는 당호를 내리시면서 많은 것을 알려주었다.

효당 최범술 스승께서 쓰신
만해의 시 '구곡령을 지나며' 유묵

효당 최범술 스승께서 전보삼 군에게
써주신 '금강삼매경' 유묵

    1976년 ROTC 육군 중위로 전역을 얼마 남기지 않은 우수절, 제헌동지회관에 효당 스승님이 오셨다는 연락을 받고 찾아뵙게 되었다. 이제 사회로 첫 출발을 하려는 제자 효해를 위하여 다솔사에서 초의 선사께서 추사 김정희 선생께 보내준 차시를 적은 10폭 병풍과 유묵 자료 2점을 손수 지필묵으로 써 오신 선물을 내어놓으시면서 잘 보관하고 늘 그러한 정신으로 정진하라고 일러 주셨다. 만해기념관에는 효당사의 그 외의 유묵도 몇 점 더 있지만, 이 두 점이 특별히 애착이 가는 것은 하나는 만해의 정신으로서의 삶을 돌아보게 하고 늘 성성하게 깨어 있으라는 효당사의 무언의 가르침이 내 가슴에 남아 늘 훈훈한 훈풍으로 자리하고 있다.

효당사께서 효해에게 1976년 우수절에 써준 차시 병풍 유묵

또 하나는 초의 스님이 추사를 대하듯이 효당사께서 제자 효해에게 내려 주신 지필묵은 만해기념관의 든든한 기둥으로 남아 있다. 50여 성상의 가르침을 잊지 않게 하는 효당사의 유묵이 만해기념관의 자료 목록에 당당히 올려놓고 있으므로 기념관의 활력을 불어넣는 보배로써 지키고 또 지킬 것이다.

구름에 용이 나는
만해 한용운의 기상 조종현의 시

낙산사 홍련암 가는 길목 의상대 정자 앞에는 '의상대 해돋이' 시비가 세워져 있다.

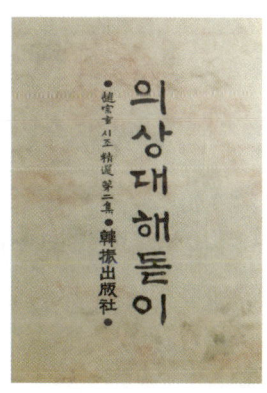

조종현의 시집
『의상대 해돋이』 표지

천지개벽이야! / 눈이 번쩍 뜨인다.
불덩이가 솟는구나. / 가슴이 용솟음친다.
여보게, / 저것 좀 보아! / 후끈하지 않은가.

동해 일출을 이렇게 격정적으로 표현한 분이 바로 철운 조종현(趙宗玄) 시인이다. 그는 만해 한용운의 제자요, 만해를 따라 시를 썼고, 만해의 불교개혁 실천에 앞장서기도 했다. 그는 만해 한용운을 다음과 같이 노래하였다.

> 만해는 중이냐? 중이 아니다.
> 만해는 시인이냐? 시인도 아니다.
> 만해는 한국 사람이다. 뚜렷한 배달민족이다. 독립지사다. 항일투사다.
> 강철 같은 의지로, 불덩이 같은 정열로, 대쪽 같은 절조로, 고고한 자세로
> 서릿발 같은 기상으로, 최후일각까지 몸뚱이로 부딪쳤다.
> 마지막 숨 거둘 때까지 굳세게 결투했다.
> 꿋꿋하게 걸어갈 때 성역聖域을 밟기도 했다.
>
> 보리수의 그늘에서 바라보면 중으로도 선사禪師로도 보였다.
> 예술의 산허리에서 돌아보면 시인으로도 나타나고 소설가로도 등장했다.
> 만해는 어디까지나 끝까지 독립지사였다. 항일투사였다.
> 만해의 진면목은 생사를 뛰어넘은 사람이다. 뜨거운 배달의 얼이다.

1979년 새봄이 왔다. 이 해는 만해 탄생 100주년이 되는 해이다. 100주년 기념 논총을 발행하는 일이 당면 과제였다. 그동안 틈틈이 준비한 만해 한용운 관계 문헌 280여 편의 자료를 중심으로 평소에 가깝게 모시던 김관호 선생님과 조종현 선생님, 그리고 동국대의 목철우 교수, 송혁 교수 등과 상의하여 만해 탄생 100주년 기념 논총을 발간하기로 하였다. 그중에서 시대별 대표적인 논설들을 최종 검증하여 선별하였다. 1970년대를 대표하는 조종현의 글 『만해 한용운』을 선택하는데 모두 이의가 없었다. 조종현의 글은 애국지사 만해의 면면이 살아 움직이는 글이기 때문이었다.

조종현의 만해 한용운 찬시 작품

1980년 6월 29일 윤재승 민족사 사장의 배려로 만해사상연구회 편으로 100주년 기념 논총을 발행하였다. 이 책의 발간사는 김관호 선생이 작성하고, 서문은 당시 한국일보사 논설위원이신 김용구 선생, 발문은 필자가 썼

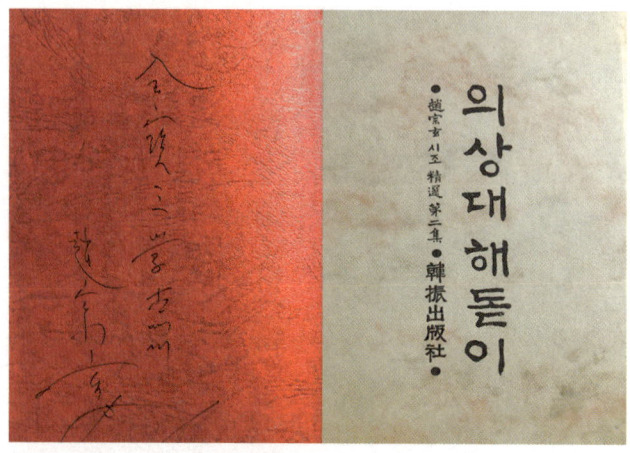

『의상대 해돋이』의 저자 조종현이 필자에게 써준 사인본

다. 그 가운데에 100주년 기념 논총집의 책 제목을 어떻게 할 것인가를 놓고 격론이 벌어졌다. 『한용운 연구』, 『만해 사상』, 『만해 사상연구』 등으로 의견이 분분하였다. 최종적으로 『만해 한용운 사상연구』로 채택되었다. 위 책에 쓰인 조종현 선생의 논리에 모두 압도당했다. '구름에 용이 나는 기상이 만해 한용운의 기상이요, 철학'이라는 말에 모두 말문이 막혔다. 이 책은 조종현 선생의 논리대로 『만해 한용운 사상연구』로 정하고 제자는 여초 김응현 선생으로 귀착되어 세상에 빛을 보게 되었다.

철운 조종현 선생은 한용운이 이끄는 불교청년회에 가담하면서, 한용운의 애국적 실천력에 감화되었으며, 불교 사상 기관지인 『회광回光』의 주간을 맡기도 하였다.

그의 시에는 불교의 교리와 함께 현실에 관한 관심을 드러낸 것들이 많다. 『귀향소곡』에는 일제의 침탈로 황폐해진 고향에 대한 안타까운 심정이 사실적으로 그려져 있다. 광복 이후의 시에서도 현실적 삶에 대한 관심이 지속되며, 특히 전쟁 체험

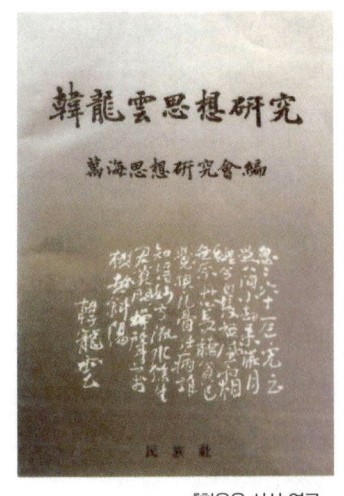

『한용운 사상 연구』.
제명을 조종현 선생님께서 지으셨다.

과 분단의 비극에 대한 울분이 강렬하게 표출되었다. 전란의 비참한 결과를 보여주는 『천애의 고아』, 분단의 아픔을 노래한 『조국의 하늘』 등이 그러한 예이다. 『나도 풋말이 되어 살고 싶나』에서는 전몰 용사들의 넋을 추도하면서 삶의 무상감을 토로하고 있다. 그의 시는 불교의 정신세계와 자연에 대한 관조의 깊이가 더해졌다. 또한 그는 『자정의 지구』(1969), 『의상대 해돋이』(1978), 『나그네길』(1989) 등의 시집을 발행하여 시조 시인으로서 역사와 현실에 대한 폭넓은 인식을 담아낸 것으로서 평가받았다.

『태백산맥』의 저자 조정래 작가의 오늘이 있기까지 그의 뿌리인 아버지 조종현 선생의 영향이 매우 컸다. 조

종현 선생의 발자취를 따라가 보며 그의 문학세계와 올곧은 정신을 되새겨보면 그 뿌리는 만해 한용운이다. 조종현 선생은 16세에 순천 선암사로 출가해 한용운이 이끈 항일비밀결사체 '만당'의 당원으로 활동했고, 일제의 조선불교사찰령을 거부한 민족운동가다. 후학을 길러낸 교육자요 시조시인으로 활동했던 그의 시조 '의상대 해돋이'와 '나도 풋말이 되어 살고 싶다'가 중학교 국어교과서에 실리기도 했다. 만해의 제자가 되어 시를 쓰고 그를 따랐던 시절이 가장 행복하였던 때라고 필자에게 늘 자랑했다.

조종현 선생이 만해 한용운을 찬한 시 후반부를 다음과 같이 마무리하였다.

> 만해는 중이다. 그러나 중이 되려고 중이 된 건 아니다. 항일투쟁하기 위해서다.
> 만해는 시인이다. 하지만 시인이 부러워 시인이 된 건 아니다. 님을 뜨겁게 절규했기 때문이다.
> 만해는 웅변가다. 그저 말을 뽐낸 건 아니고
> 심장에서 끓어오르는 것을 피로 뱉었을 뿐이다.
>
> 어쩌면 그럴까? 그렇게 될까?
> 한 점 뜨거운 생각이 있기 때문이다.
> 도사렸기 때문이다.

독립운동가 일강 신하수 선생의 친필 『채근담』 서문과 『조선상고문화사』

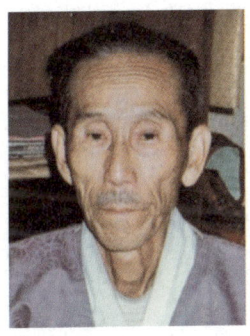

독립운동가 일강 신하수 선생 존영

1979년 만해 탄생 100주년을 앞두고 이 해를 맞이한 작은 소망은 100주년 기념 『한용운사상연구』 논총을 발행하는 일과 『한용운전집』 수정 증보판을 발행하는 일이었다. 한용운 전집 수정 증보판은 신구문화사와의 협조로 순조롭게 진행되었다. 1973년 판의 잘못 수록된 내용을 삭제하는 일과 새로 발굴된 내용을 신구문화사 편집진과 협의하여 증보하는 일은 어렵지 않았다. 그러나 만해 한용운 100주년 논총은 이렇다 할 진전이 없었다. 조계종 전국신도회(회장:이후락) 내에 만해 한용운 선생 기념사업회가 발족되어 100주년 기념 논총도 발행이 수월할 것으로 생각했다. 필자는 논총에 들어갈 주요 논문으로 만해 연구 문헌 목록에서 시대별 주요 논문을 정리하여 주었다. 그러나 별다른 진전은 이루어지지 않고 시간만 흘러갔다. 안타까운 일이었다.

　만해 탄생 100주년을 앞두고 '만해 정신의 현장'이란 주제로 만해 일화로 엮어본 인간적 편린 중심의 내용을 대한불교 신문에(1979.4.15~7.1.) 6여 회에 걸쳐 연재하여 호평을 받았다. 1979년 7월 8일자에는 당시 문학사상이란 문학잡지가 매호에 걸쳐 새로운 작품을 발굴 자료를 소개하고 있었다. 당시 7월호(통권 제80호) 문학사상은 만해 한용운의 새로운 자료 10편의 발굴 자료를 소개하였다. 그리고 만해의 자료가 아닌 작품 6편의 글이 잘못 소개되어 있는 것을 바로잡는 글을 대한불교 신문에 기고하였다. 문학지의 성급한 새 자료 발굴 자랑에 경종을 울리는 기사 '타인 작품을 만해 작품으로'는 당시로서는 꽤나 파문이 일었던 기사가 활자화되었다. 훗날 문학사상사로부터 사과와 오류를 바로잡는 기사가 나오기도 하였다. 한편 서울신문에 1979년 7월 26일(목요일) '메아리 없는 연구' 숨은 학자들 란에 '만해 연구의 전보삼 씨'라는 기사가 소개되기도 하였다. 그런가 하면 10월 유신 말기를 향하여 가던 시점에 '불행한 시대의 바보들을 위한 자유 의지'란 글이 한양대 신문(1979.9.5.)에 실리기도 하였다. 당시 필자는 부지런히 만해의 정신을 알리고 선양하는 일에 몰두하고 있었다.

하루는 직장 동료인 김선봉 선생이 필자에게 당신의 집 북가좌동 이웃에 독립운동가가 계시다는 사실을 알려주면서 한번 만나볼 것을 권유했다. 김 선생과 함께 일강 신하수 선생님 댁을 방문하였다. 처음 뵙는 선생님의 형형한 눈매와 단호한 결단력으로 보아 독립운동가의 모습이 역력했다. 그날 이후 가끔 선생님을 방문하면 만해와 3·1 독립운동에 관한 이야기를 들려주셨다. 그러면서 만해 한용운의 애국정신에 감동하여 독립운동에 뛰어들었노라고 했다. 그 구체적 자료로는 만해가 편찬한 『정선강의 채근담』(1917)의 서문 한 구절을 읽고 일생을 독립운동에 바친 일강 신하수 선생님의 말씀이었다. 또한 그는 3·1독립운동 시기에는 경남 지역의 책임자 역할을 그 후에도 독립운동에 헌신하여 일제강점기 시대에 7년을 옥중에 있었으니 그 또한 대단한 독립운동가임이 틀림없다.

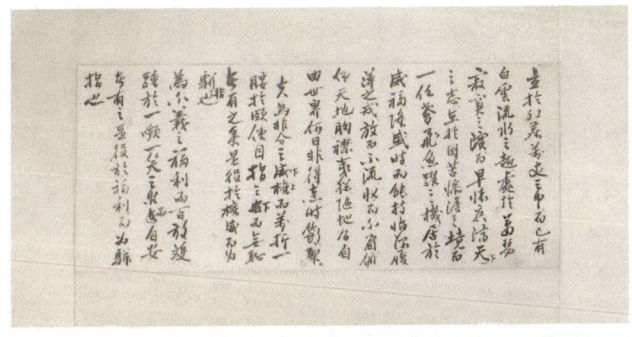

일강 신하수 선생의 친필 유묵으로 남은 만해 한용운의 『채근담』의 서문 일구절

『채근담菜根譚』은 중국 명나라 신종 때 학자 홍자성(洪自誠)이 쓴 유교, 불교, 도교에서 마음 수양에 필요한 어록을 모은 심신 수양서이다. 만해 한용운의 『정선강의 채근담菜根譚』은 우리 실정에 맞게 재정리되어 1917년 4월 6일 서울 신문관에서 발행되었다. 한용운 자신이 누구보다 채근담이 가르쳐주는 격언대로 살고자 노력하였다. 만해 한용운은 이 책 서문의 한 구절을 다음과 같이 설명하고 있다.

홍진만장의 가운데 섰으면서도 이미 백운 유수의 미가 있고 소슬 적막한 물가에 처하였으면서 이미 널리 천하를 건질 뜻을 품었으며 곤란하고 고생스러운 처지에 있으면서 솔개 날고 물고기 뛰는 활발한 대자연에 일임하고 권력이 융성할 때에 능히 깊은 못가에 다다르듯 엷은 얼음을 밟는 듯하는 조심함을 가져서 방하여도 유하지 아니하고 수렴하여도 집착하지 아니하며 천지간에 우러러보고 내려다보매 흉금이 상쾌하여 가는 곳마다 자유세계가 있을 것이매 어느 날이 득의의 시절이 아니리요. 이와 같은 것은 정신 수양하는 데에 불과할 뿐이다. 근세에 정신수양의 설을 부르짖는 사람이 잇닿았으니 실로 깊은 뜻이 있는 것이다.

서문 중 일강 신하수 선생이 인용한 내용이다. "천하

일강 신하수 선생의 친필로 남은 단채 신채호의 『조선상고문화사』 표지

를 구제할 뜻을 품고 지내야 한다. 자연의 활기에 몸을 맡기고, 경계를 늦추지 말이야 한다. 가는 곳마다 자유세계가 있을 것이매 어느 날이 득의의 시절이 아니리요." 라는 구절이 당신의 마음을 움직여 독립운동에 뛰어들었노라고 말씀했다.

그러면서 서류 봉투 속에서 문서 하나를 내어 놓으셨는데 만해 한용운의 채근담 서문 중 일 구절을 한지에 붓을 들어 또박또박 적은 묵서를 내어놓았다. 자유세계를 향한 일편단심으로 시대 고(苦)를 극복하고자 하였던

만해의 독립정신의 행적을 살펴볼 수 있는 일강 신하수 선생의 친필 유묵이었다.

　또 어느 날은 평생 소중하게 간직한 단재 신채호 선생의 『조선상고문화사』 전문을 필사하여 1권의 책으로 간직한 것인데 전 선생의 뜻이 견고하니 잘 보존하라고 하시면서 선뜻 내어주었다. 일제강점기 당시의 단재 신채호 선생의 『조선상고문화사』는 금서였다. 일제가 조선 혼을 말살하려던 시기의 단재 선생의 『조선상고문화사』는 불온한 서적으로 불살라 없어지던 시절이었다. 그러나 우리의 애국자들은 조선 혼을 간직하기 위하여 이 책을 필사하여 비밀리에 간직하였다.

　일강 신하수 선생도 이 책을 필사하여 간직하였다가 총독부 형사한테 발각되어 책은 불살라지고 옥고를 치르기도 하였다. 조국 광복의 공간에서 만해 한용운 선생이 그리웠다. 광복의 이 날에 만해가 안 계신 것이 서러워 일강 신하수 선생은 다시 붓을 들어 단재 신채호 선생의 『조선상고문화사』 전문을 1960년대 국사편찬위원회 원고지에 또박또박 적어 내려갔다. 30여 년의 비밀을 간직하였던 이 책 『조선상고문화사』를 선뜻 내어주시면서 잘 보존하라던 말씀은 40여 년이 지난 오늘날에도 귓전에 생생히 남는다.

　현재도 일강 신하수 선생의 유묵인 만해 한용운의

『채근담』 일구절과 전권을 친히 필사한 『조선상고문화사』가 만해기념관의 전시관에 잘 보존, 전시되어 활용되어 여러분 앞에 놓여 있다.

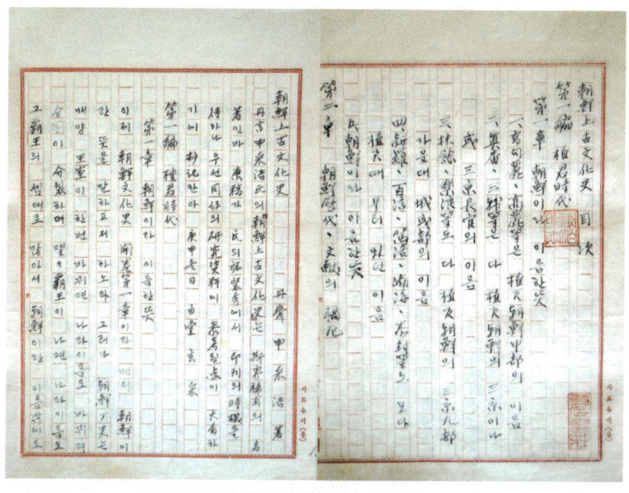

일강 신하수 선생이 친필로 남긴 『조선상고문화사』 목차 및 첫 페이지

5장

만해 한용운 선사 초상화眞影로 나투다

만해 매화첩으로 피어나다

만해 약전에 얽힌 망우리 만해 묘비석 이야기

『한용운 전집』과 차시茶詩

『한용운전집』 보유 증보판 발행기

정본 『님의 침묵』 발행기

북향집 심우장에 만해기념관 문을 열다

남한산성 만해기념관 완공이야기

나는 왜 만해기념관을 만들었나

만해가 우리에게 남긴 유산

만해 한용운 선사
초상화(眞影)로 나투다[7]

한성도서본 『님의침묵』 초판(1950.)에
실린 61세 때의 만해 한용운 진영

    필자는 고향 강릉에서 중학교 2학년 때 만해 한용운 선사를 처음 접하였다. 1965년부터는 강릉 불교학생회 회장을 맡아 매년 6월 29일 열반일을 기하여 학생들과 추모행사를 준비하였다. 그때마다 만해 한용운 선사 진영이 절실히 필요했다. 만해는 어떻게 생긴 분인지 궁금했다. 여러 곳에 수소문하였지만 알 수 없었다. 1968년 대학 진학으로 서울 상경한 후에는 조계사로, 칠보사로 다녀봤지만, 알 길이 없었다.

    그러던 중 1971년 4월에 『나라사랑』 제2집 만해 한용운 특집호에서 만해 한용운 선사의 진영(眞影)을 만날 수 있었다. 너무나 감격스럽기도 하고 뛸 듯이 기뻤다. 이 사진은 1950년 4월 한성도서주식회사에서 발행한 『님

---

7   나투다 : 깨달음이나 믿음을 주기 위해 사람들에게 나타나다.

의 침묵』 초간본에 수록되었던 자료였다. 이후 이 사진을 소중히 간직하며 어떻게 하면 제대로 된 진영을 만들 수 있을까를 고민하였다. 1973년 3월 1일 한국대학생불교연합회가 발행한 『만해 한용운 선사! 그 웅지를 영원의 지표로 삼자』라는 책자에 이 사진을 소개하여 만해의 참모습을 널리 알렸다. 이후에는 그 자료를 모본으로 컬러 사진본을 만들었으나 10년도 안되어 변색하여 안타까웠던 적도 있다. 제대로 된 만해 진영을 간직하는 것이 큰 원(願)이었다.

1979년은 만해 탄생 100주년이 되는 해였다. 당시 필자는 한양공업고등학교 교사로 재직하면서 청진동에 만해사상연구회를 발족하고 기념문집을 준비하고 있었다. 한양공업고등학교 공예과 2학년 학생이던 석명용 군이 경주로 수학 여행가는 기차 안에서 동료 친구들을 스케치하는 실력이 보통이 아님을 직감으로 알 수 있었다. 수학여행에서 돌아온 후 석명용 군을 불러『삼천리』창

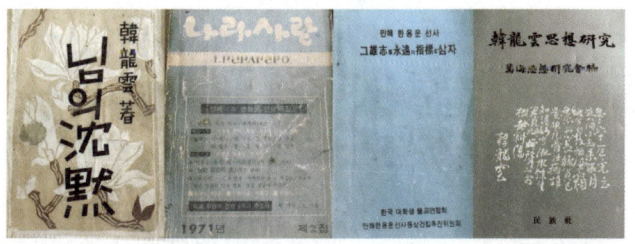

①한성도서본 『님의 침묵』 초간본(1950.) ②『나라사랑 제2집』(1971.) ③한국대학생불교연합회에서 발행한 〈만해 한용운 선사! 그 웅지를 영원의 지표를 삼자〉 책자(1973.3.1.) ④『한용운 사상연구』 등 만해 초상화가 소개된 자료들(1980.)

『한용운 사상연구』(1980.6.29.)에 실린
41세 때의 만해 한용운 진영

간호(1929.6.)에 게재되었던 만해 한용운의 사진 자료를 보여주며 스케치할 것을 요청하니 수일 내 여러 편의 모사한 작품을 가지고 왔다. 그중 한 점을 선정하여 만해 한용운 선사의 탄생 100주년을 기념하여 발행한 『한용운 사상연구』(민족사, 1980.6.29.)의 진영으로 모셨다. 이 사진은 3·1독립운동 출옥 직후의 41세 때의 흑백 사진이었다. 그러나 늘 1%가 부족하다고 느꼈다.

1985년 독립기념관이 개관하여 방문해보고 깜짝 놀랐다. 많은 애국선열의 모습을 실물과 같은 크기 100호의 유화로 그려놓은 모습에 눈이 휘둥그레졌다. 마치 살아 있는 모습 같았다. 이 작품을 만든 작가가 누군지 궁금했다. 독립기념관에 만해 한용운 선사의 자료와 불교계의 독립 자료를 기증했던 인연으로 독립기념관 측으로부터 작가를 소개받을 수 있었다.

한달음에 작가의 작업실이 있는 종로의 수운회관으로 달려가 옥문성 화백을 만났다. 그의 화실에는 재벌 회장님들의 100호짜리 초상화가 여럿 있었다. 조심스럽게 가격을 물으니 호당 50만원이니 5천만원이라는 거액을 제시했다. 서양의 명화처럼 300년 되어도 색깔의 변화가 없는 특수 물감을 사용한다는 점, 그리고 작가의 노력과 정성을 생각하면 무리한 가격은 아니었다. 필자에게 5천만은 무리였고 고민하다가 호당 50만원 10호의 상반신으로 만족하면서 500만원에 계약을 했다. 계약금 50만원과 작업 기간은 1년으로 하고 우선 자료를 제공할 것과 틈틈이 들려 만해의 이야기를 들려주기로 약속하였다.

옥화백은 필자의 만해 이야기 중 3·1 독립정신에 관한 이야기와 시집 『님의 침묵』의 님에 관한 존재론에 관심을 표하기도 하였다. 그런가하면 만해의 각종 일화에 대하여서도 흥미 있게 듣는 모습에서 만해에 빠져드는 느낌을 받았다. 가끔 점심 식사를 대접할 때면 만해에 대한 보충 설명을 하면서 잘 부탁드린다는 인사를 거듭하였다. 만해 한용운 선사에게 관심을 표하는 옥 화백에게 감사했다.

그런 가운데 약속 시간 1년이 지나갔지만 연락이 없었다. 너무 재촉하는 것 같아 기다려 보기로 했다. 그리고 다시 6개월이 지나도 소식이 없었다. 더는 기다릴 수 없다고 판단하여 약속도 없이 옥화백의 화실이 있는 종로 수운회관으로 찾아갔다. 옥화백은 빙그레 미소 지으면서 작품을 보여주었다. 그러면서 하시는 말씀이 "내가 전 관장한테 당했다."라고 하면서 10호짜리 초상화는 처음인데 들어간 노력은 100호나 진배없다고 하였다. 초상화의 작업 초점은 역시 표정을 표현하는데 온갖 정성이 다 들어가는데 호당 가격의 문제점을 인식 못 하고 가격 산정을 하여, 전 관장이 찾으러 올 때까지 기다렸노라고 하였다. 가격 산정이 잘못되었으니 더 생각하라는 뜻이었지만 모른 척하면서 예술가는 정직하여야 하고 철학을 갖고 하는 작업인데 다른 이야기를 하면 안 된다고 하였다.

옥 화백은 그 즉시 내가 잘못 생각하였노라고 하면서 나머지 금액은 없던 것으로 하자는 제안과 함께 내 평생에 그린 역사 인물 초상화 전시를 할 때는 반드시 출품하여 달라고 요청하였다. 필자는 흔쾌히 승낙하였다. 참으로 반전에 반전을 거듭하면서 만해 한용운 선사의 초상화는 1991년 가을날 탄생하였다. 남한산성 만해 기념관에 영원히 함께하고 있으며 현재 만해 한용운 선사의 대표적인 초상화로 널리 알려져 있다. 표준 초상화가 되다시피 하여 여러 곳에 활용되고 있는 대표적 만해 한용운 선사의 진영은 이렇게 탄생하였다.

옥문성 화백의 만해 한용운 초상화

만해 매화첩으로
피어나다

 퇴계 이황(李滉, 1501~1570) 선생의 목판 문집 '매화첩'에는 퇴계 선생이 평생 지은 매화시 90여 수가 담겨 있다. 퇴계는 매화를 인격화하여 '매형(梅兄)', '매군(梅君)', '매선(梅仙)' 등으로 불렀다. 퇴계의 매화 예찬은 설곡 어몽룡(魚夢龍), 소치 허련(許鍊) 등의 시와 그림으로 계승되었다. 목판으로 찍어낸 매화첩은 귀한 문화유산으로 도산에 잘 보존되고 있다. 우연한 기회에 퇴계의 매화첩을 구하여 읽다가 만해 한용운 선사가 남긴 많은 문장 중에서 매화를 찬한 글도 상당할 것 같은 생각에 만해의 매화 사랑을 떠올렸다.

 만해의 문장에서 매화와 관련 있는 내용을 본격적으

로 찾기 시작하면서 한용운전집 에서 무려 26편의 매화 관련 자료를 확인했다. 의외로 매화를 노래한 글을 많이 남겼음을 확인하고 만해의 지조와 절조의 미학에 다시 한번 감탄했다. 용기를 내어 만해 매화첩을 만들기로 결심하고 적임자를 물색하기 시작했다. 시는 있으나 글씨와 그림을 동시에 표현하는 작가 섭외가 난항을 거듭하면서 3년의 시간이 흘렀다. 그러던 어느 날 가까이에 있는 무곡 최석화 선생을 만나 필자의 구상을 밝히니 흔쾌히 당신이 해보겠다는 결심을 밝히기에 서로 의기투합하였다.

　　퇴계의 매화첩 목판이 문화재이듯 지금 제작하는 만해 매화첩이 100년, 200년 후에는 의미 있는 문화유산으로 남을 것이라고 생각하니 약간 흥분도 되었다. 퇴계 매화첩은 시와 서(書) 중심인데 만해 매화첩은 시, 서, 화를 동시에 다 품었으니 한층 더 의미가 있으리라 생각되었다.

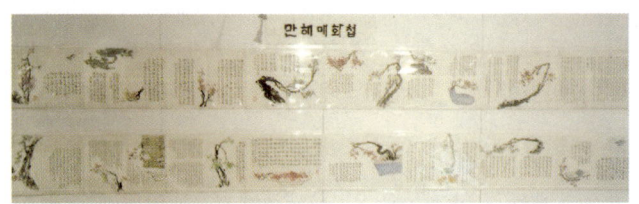

무곡 최석화 화백의 『만해 매화첩』

　　각고의 노력을 기울여 2012년 1월에 완성하니 2년여의 세월이 흘렀다. 만해 매화첩을 탄생시킨 만해기념관은 오늘의 문화유산을 창조하는 현재 진행형의 문화 공간이다. 이러한 사실은 가슴 벅찬 감동을 주었다. 2012년 새봄에 만해 매화 특별전시를 하기로 결정하였다. 새로 제작된 만해 매화첩 중심으로 틈틈이 수집하였던 옛 매화 그림과 더불어 특별전시회를 갖기로 결정하여 그해 봄(2012.3.1.) 매화향으로 만해기념관을 가득 장식하였다. 아직도 그 여운이 남는다. 겨울의 혹독한 추위를 이기고 이른 봄 가장 먼저 꽃을 피우는 '설중군자'. 옛 문인과 학자, 선비들은 시와 그림을 통해 '매화'의 덕을 칭송했다. 매화는 사군자 중에서도 고고한 학자로 의인화되었다. 지조의 정신, 절조의 자세로 존경을 받는 매화의 모습은 만해를 닮은 것인가, 만해가 닮은 것인가.

만해 매화 특별기획전을 통해 일제강점기를 지조와 절개로 일관한 설중매와 같은 만해 한용운선사의 자화상이라 할 수 있는 매화 관련 시문 26편과 조선시대 매화와 관련한 그림, 시문 28점을 선별하여 전시하였다. 이와 같이 매화를 주제로 만해를 조명한 것은 처음이며, 자칫 묻힐 수 있었던 만해의 매화를 주제로 한 작품들을 한자리에서 만나 볼 수 있다는 점에서 그 의의가 대단히 컸다. 특히 이번 전시에는 앞서 완성한 총 8미터 길이의 상·하권의 매화첩도 선보였다. 필자는 만해 한용운의 매화첩 서언으로 다음과 같은 글도 남겼다.

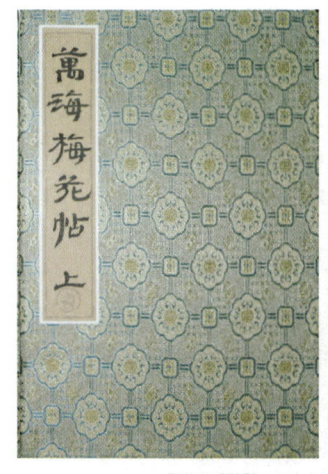

『만해 매화첩』 표지 上

『만해 매화첩』 표지 下

"설중 매화 만해 한용운!"

석전 박한영 스님께서는 비상한 고난을 겪으면서 탁월한 인격을 함양시켜야 한다고 말씀했다. 그리고 엄동설한의 매화나무가 꽃이 필 때 차디찬 설중에서 그윽한 향기를 품는 것과 같다고 하였다. 참으로 매섭고도 날카로운 말씀이었다. 설중매화는 만해의 생애를 상징하는 표현이다. 설중매화 만해 한용운 특별기획전은 이렇게 탄생했다.

매화 관련 만해 작품 내용으로는 ①님의 침묵 편에서는 '낙원은 가시덤불에서' 외 1편, ②심우장 산시 편에서는 '이른 봄(早春)' 외 2편, ③선시 편에서는 '청한' 외 15편 등이다. 그리고 ④논설류에서는 '망매지갈' 외 5편 등 26편을 소개하였다. 만해 매화첩 서문에는 "만해기념관에서 효해 전보삼이 만해 매화첩의 서문을 짓고(2012.3.1.) 무곡 최석화가 쓰다."라고 하였다.

만해 매화첩을 감상한 이 시대 동양화단의 원로작가 홍석창 교수는 "옛 사람들이 매화를 두고 5언 고시를 쓴 일이 없기에 호기심으로 시험 삼아 읊어 봄(又古人梅題下不作五古余有好奇心試唫)"이라는 만해 매화 시 한 편에 매화 그림을 멋들어지게 그려 만해기념관에 기증해주었다. 홍석창 교수가 인용한 만해의 매화시는 다음과 같다.

> 매화를 반가이 만나려거든 그대여, 눈 쌓인 강촌江村으로 오게. 梅花何處在 雪裡多江村
> 저렇게 얼음 같은 뼈대이거니 전생前生에는 백옥白玉의 넋이었던가. 今生寒氷骨 前身白玉魂
> 낮에 보면 낮대로 기이한 모습, 밤이라 그 마음이야 어두워지랴. 形容晝亦奇 精神夜不昏
> 긴 바람 피리 타고 멀리 번지고 따스한 날 선방禪房으로 스미는 향기! 長風散鐵笛 暖日入禪園

매화로 하여 봄인데도 시구에는 냉기 어리고 따스한 술잔 들며 긴긴 밤 새우는 것. 三春詩句冷 遙夜酒盃溫
하얀 꽃잎 언제나 달빛을 띠고 붉은 그것 아침 햇살 바라보는 듯 白何帶夜月 紅堪對朝暾
그윽한 선비 있어 사랑하노니 날씨가 차갑다 문을 닫으랴. 幽人抱孤賞 耐寒不掩門
강남의 어지러운 다소의 일은 아예, 매화에겐 말하지 말라. 江南事蒼黃 莫向梅友言
세상에 지기知己가 어디 흔한가. 매화를 상대하여 이 밤 취하리. 人間知已少 相對倒深尊

홍석창 교수의 만해매화하처재

만해기념관에서는 여러 시간 많은 사람에 의하여 축적된 콘텐츠를 기반으로 만해기념관이 다양한 전시의 광장이 되길 바라며 만해 한용운 선사의 '용자(勇者)가 돼라(불교지 91호, 1932.1.1.)'라는 매화찬으로 마무리한다.

> "어느 것 하나도 무서운 겨울 아닌 것이 없는 듯 그러한 환경을 깨치고 스스로 향기를 토하고 있는 매화, 새봄의 비밀을 저 혼자 알았다는 듯이 미소를 감추고 있다. 그 쌓인 눈 찬 바람에 아름다운 향기를 토하는 것이 매화라면 거친 세상 괴로운 지경에서 진정한 행복을 얻는 것이 용자勇者니라. 꽃으로서 매화가 된다면 서리와 눈을 원망할 것이 없느니라. 사람으로서 용자가 된다면 행운의 기회를 기다릴 것이 없느니라. 무서운 겨울의 뒤에서 오는 새봄은 향기로운 매화에게 첫 키스를 주느니라."

만해 약전에 얽힌
망우리 만해 묘비석 이야기

만해 한용운의 묘역이 망우리 공동묘지에 쓸쓸하게 있는 사실을 한국대학생 불교연합회 학술연구 발표(1972년 10월 9일)에서 처음 필자가 보고하였다. 그 이후 대학생 불자들이 망우리 만해 묘소를 찾으면서 차차 일반에 알려지기 시작하였다. 만해 한용운의 망우리 묘소를 찾은 필자의 기사가 서울신문에 "초라한 묘소 찾아냈을 땐 모두가 놀라"라고 기사화되기도 하면서 일반 언론에서도 관심을 갖기 시작하였다.

망우리 만해 묘소에 있던 옛 묘지석 한용운지묘

1979년 3월 1일 자 한국일보에 망우리의 쓸쓸한 만해 한용운 묘역에 관한 기사가 크게 보도되었다. 이 가사를 본 고위 기관에서 국가보훈처에 지시하여 당장 애국지사 묘역으로 이전 정비하라는 지시가 있었다. 그 관계로 유족 대표 한영숙 여사와 당시 만해사상연구회의 대표를 맡고 있었던 필자가 함께 논의한 결과 국립묘지보다는 망우리 묘소에 그대로 존치하고 묘역 정비 사업을 하기로 하였다. 그 묘역 정비는 비석과 상석을 세우고 주변을 정비하는 일이었다. 만해사상연구회를 중심으로 강석주 스님, 김관호, 조종현, 김용구, 송욱, 정택근 제씨(諸氏)들과 상의하였다.

비석의 비문을 지을 사람을 찾는 일이 쉽지 않았다. 사람 같은 사람이 없는 세상에서 누구에게 비문을 의뢰하는 일은 불가한 일이라는 결론이었다. 대안으로 만해 연보 중에서 핵심 내용을 550자 정도를 추려 정리하기로 결론을 내렸다. 그날 밤을 새워 만해 일대기 중에서 핵심 내용을 정리하였다. 강석주 스님과 조종현 선생께서 잘 정리했다고 칭찬을 하였다. 그러면 누구의 글씨로 할 것인가? 하나하나의 결정이 신중하고 어려웠다. 김관호 선생께서 여초 김응현 선생도 만해를 좋아하니 그리로 부탁하자고 했다.

김관호 선생과 필자가 함께 동방연서회로 찾아가 내

용을 설명하였다. 좋은 일에 동참할 수 있어 기쁘다며 원고를 보자고 했다. 원고 작성 경위와 그동안의 논의한 내용을 설명했다. 여초 선생님께서는 잘 생각했다고 칭찬하시면서 1주일 후에 찾으러 오라고 했다. 여초 김응현 선생의 후의에 크게 감동하여 옳은 일에는 동참자가 있다는 확신을 갖게 되었다.

건립비용의 문제는 정부의 지원금이 있어 별문제가 없을 줄 알았다. 그러나 의욕을 갖고 시작한 일이 예산문제로 난관에 봉착했다. 국가보훈처는 국립묘지의 애국지사 묘역 1기당 설치비가 70만원이라며 70만원을 지원하겠다고 하니 난감한 일이 되었다. 아무리 예산을 절약해도 200만원 이상은 들어가는 작업이었다. 필자는 상세한 예산안을 작성하여 국가보훈처의 담당 국장을 찾아가서 국가의 예산으로 설립하였다고 할 텐데 최소비용의 절반은 집행하여 줄 것을 다시 요청하였다. 1주일 후 30만원을 추가 집행할 것이니 의정부 보훈지청에서 수령하라는 통보를 받았다. 그리하여 정부예산 100만원과 유족 대표 한영숙 여사 50만원, 나머지 50만원은 만해사상연구회를 책임진 필자가 부담하기로 하였다.

정확히 1주일 후 여초 선생님으로부터 작품이 완성되었으니 찾으러 오라는 연락이 왔다. 동방연서회 여초 선생님 방으로 찾아가니 작품을 내놓으며 비문 내용이 마음에 들어 잘 써졌다고 했다. 작품으로 내어놓은 글씨 한 자 한 자를 바둑판의 줄 간격처럼 가지런히 맞추고 필획이 힘이 넘치고 살아 움직이는 듯 정연하였다. 감동의 순간이었다. 여초 선생님께 고마운 뜻의 인사를 드리면서 돌에 잘 새겨 좋은 비석을 세울 것을 다짐하였다. 너무나도 소중한 글씨를 그대로 석공에게 주어 글씨를 새기게 할 수 없어 고민하였다. 여초 선생님의 만해 약전 원본은 배접을 해보니 더욱 잘 보존해야 한다는 생각이 들었다. 당시는 복사기가 없던 시대인지라 고민 끝에 건축 설계사무실에 가서 청사진을 떠서 복사본을 석공에게 전하였다. 석공은 내용을 훑어보시더니 작은 글씨 한 자 새기는데 900원인데 여초 선생 글씨는 1500원을 주어야 하고 큰 글씨 한자는 1만 원인데 2만원을 내라기에 놀라지 않을 수 없었다. 여초 선생님께 그 이야기를 전하니 선생님께서는 빙긋이 웃으면서 그 사장이 금석문이 무엇인지 아는 사람인데 그대로 새기시라 하고, 그 대신 글자 한 자 한 자를

1979년 12월, 만해 묘소에 비석과 상석을 세우다

깊게 새기라고 했다. 돌값은 제외하고 새기는 데만 예산이 초과되기 시작했다. 그러나 즐거운 마음으로 여초 선생의 지도 아래 비석과 상석을 마련하였다.

국가보훈처는 100만원을 지원하였으니 1979년 12월 30일까지 사업을 완료한 후 결과보고서를 요구했다. 보훈처와의 약속을 지키기 위하여 12월 30일 망우리 묘역에서 눈발이 흩날리는 날 비석과 상석을 세웠다. 망우리 만해 묘역을 새롭게 단장하던 그날은 아침부터 매서운 추위가 엄습하더니 오후에는 눈보라가 쳤다. 이 광경을 바라보던 망우리 사람들이 같이 힘을 보태주면서 눈보라 속에서 비석을 세웠다. 저녁 늦게 해질녘에서야 작업을 완료했다. 추운 겨울 망우리 만해 묘소에서 서울 장안을 내려다보고 있자면 뜨끈한 아랫목에서 아늑함을 추구하는 모양도 절로 생각이 났으나, 또 한편으론 온몸으로 눈보라를 당당하게 맞으면서도 초라해지지 않는 스스로의 모습이 장부의 기개를 뽐내는 것이 아닌가 하여 통쾌한 희열을 느꼈다. 요즘도 망우리 고갯길을 넘을 때면 지금은 다 사라졌지만, 망우리의 루핑집들과 망우리 주민 인부들의 소박하고 인정이 넘치는 정성을 떠올리면 고개가 저절로 숙여진다. 망우리 사람들의 협조는 지금도 눈물겨운 정경으로 남아있다. 40년의 시간이 흘러도 선명하게 남는 이유는 뜻있는 일에 모두가 하나된 힘일

1980.3.1. 망우리 만해 비석 상석 제막식 전경

것이다. 당시 만해 한용운의 묘소가 망우리에 있는지 몰랐다가 알게 된 주민들은 감격하고 우리를 격려했다. 이 광경을 바라보던 석재상의 사장님께서도 주민들의 성의에 감동하여 비석과 상석 그리고 돌에 새긴 값 중에서 20만원을 감하여 주셨다. 그날 밤 늦게까지 결과보고서를 작성하여 12월 31일 국가보훈처에 서류를 접수하였다. 그리고 제막식은 다음 해 1980년 3월 1일에 거행됐다.

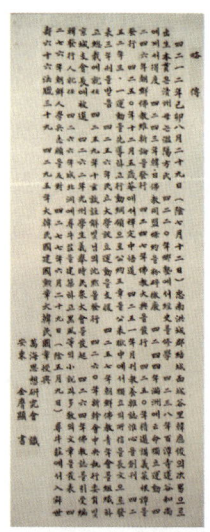

여초 선생님의 소중한 글씨를 잘 보존하여 망우리 만해 묘역의 약전 비문의 원문은 남한산성 만해기념관에 소중한 자료로 남았다. 만해 한용운의 약전 원문은 우리들의 자랑거리요, 소중한 문화유산이다. 이 일을 계기로 여초 선생님과는 무척 가깝게 지내게 되어 금석학에 관한 많은 지도를 받을 수 있는 영광도 함께 얻었다.

만해의 일대기 중에서 550자로 작성된 만해 묘역의 비석 비음기 약전이다.
여초 김응현 선생님이 예서로 작성한 중후한 작품이다.

『한용운 전집』과
만해의 차시茶詩

　만해 한용운 선사에 관한 자료며 유고 원고들은 열반 후 제자 박광 선생이 수습하여 가지고 있다가 6·25 전란을 겪으며 천신만고 끝에 다시 수습하여 다솔사의 효당 최범술 스님이 간직하고 있었다. 이것들을 기본으로 하여 1960년대에 들어와서 『한용운 전집』 발행이 본격적으로 시작되었다. 만해 한용운의 제자 조지훈 선생이 고려대학교 대학원생 인권환, 박노준과 그동안 지상에 발표되었던 신문 잡지의 자료들을 더 모으고 다솔사의 원전 자료를 포함하여 통문관에서 『한용운 전집』 발행을 계획하였지만 끝내 발행되지 못하였다. 『한용운 연구』라는 단행본 한 권이 1960년 9월 20일 통문관에서 인권환, 박노준 이름으로, 박광, 최범술, 조지훈의 서문으로 발행되었다.

그 이후 본격적인 『한용운 전집』 전 6권이 신구문화사에서 1973년 7월 25일 근 30년만의 염원 속에서 완성되어 나오게 된다. 『한용운 전집』 전 6권 중 제1권 「산가의 새벽」이란 항목에 만해 한용운의 한시 164수가 이원섭 선생의 역주로 처음 소개되었다. 이 한시들 중에 차시(茶詩) 4편을 발견하여 몇몇 지면에 알렸다. 차시 4편은 다음과 같다.

신구문화사에서 발행한 『한용운 전집』 전 6권(1973. 7. 25.)

본 대로 느낀 대로(1) 卽 事

먹구름 걷히는 곳 둥두렷한 달	烏雲散盡孤月橫
찬 그 빛 먼 나무에 곱게 적시고	遠樹寒光歷歷生
학도 날아가고 고요한 산엔	空山雁去今無夢
누군가 잔설殘雪밟고 가는 발소리	殘雪人歸夜有聲
홍매紅梅꽃이 벌어 중은 삼매三昧에 들고	紅梅開處禪初合
소낙비 지나가매 차茶도 한결 맛이 맑아	白雨過時茶半靑
호계虎溪까지 전송하고 크게 웃다니!	虛設虎溪亦自笑
잠시 도연명陶淵明의 인품 그리어 보네	停思還憶陶淵明

曹洞宗大學校 別院에서 읊은 시(2)

절은 고요하기 태고 같아서,	一堂似太高
세상과는 인연이 닿지 않는 곳	與世不相干
종소리 끊인 뒤 나무들 그윽하고	幽樹鍾聲後
차 향기 높은 사이 한가한 햇빛	閑光茶蔿間
선심禪心은 맑아서 백옥인 양한데,	禪心如白玉
꿈만 같이 이 청산 이르는 것을	寄夢到靑山
다시 별다른 곳 찾아 나섰다가,	更尋別處去
우연히 새로운 시 얻이시 돌이왔네.	偶得新詩還

증상사(3) 增上寺

경쇠가 울려서야 단에서 내려	淸磬一聲初下壇
차를 따라 들고 난간에 기대면	更添新茗依欄干
비는 겨우 개고 서늘한 바람 일어	舊雨纔晴輕凉動
발로 스미는 기운 수정水晶같구나	空簾畫氣水晶寒

오세암(4) 五歲庵

구름과 물 있으니 이웃할 만하고	有雲有水足相隣
보리菩提도 있었거니 하물며 인仁일런가	忘劫菩提況復仁
저자 멀매 송차로 약을 대신하고	市遠松茶堪煎藥
산이 깊어 고기와 새 어쩌다가야 사람을 구경해	山窮魚鳥忽逢人
아무 일도 없음이 참다운 고요 아니오.	絶無一事還非靜
첫뜻을 어기지 않는 것 진정한 새로움이거니	莫負初盟是爲新
비와도 끄떡없는 파초와만 같다면	倘若芭蕉雨後立
난들 티끌 속 달려가기 꺼릴 것이 있겠는가.	此身何厭走黃塵

만해 한용운의 차시 4편을 통하여 그 의미를 되새겨 보자. '본 대로 느낀 대로'에서는 홍매(紅梅) 흐드러지게 피었지만 선사는 삼매(三昧)에 들고, 소낙비 지나가매 차(茶)도 한결 맛이 맑다는 표현에서는 맑고 밝은 차인의

한용운 차시   한용운 친필 차시
'본 대로 느낀 대로' (즉사)   '증상사'

삶이 고스란히 남아 있다. 차 향기 높은 사이 한가한 햇빛을 노래한 '曹洞宗大學校 別院에서 읊은 시'에서는 차선 일미(茶禪一味)의 경지를 살필 수 있다. 차를 따라 들고 난간에 기대어 서 있는 한 폭의 동양화 같은 차시 '증상사'에서는 비 그치고 서늘한 바람 속에서 발로 스미는 맑은 수정 같은 차의 세계를 노래하였다. 저자 멀매 송차로 약을 대신하고의 '오세암'에서는 차의 고요함, 무엇에 얽매이지 않는 삶, 날로 향상성을 표현하였다.

본 대로 느낀 대로(卽事)의 차시를 읽으며 감흥을 느낀 대전 서구 도마동의 보은정사의 원법 큰스님께서는 이 차시의 내용을 돌에 새겨 남한산성 만해기념관 경내에 세웠다. 지금은 차인들이 봄, 가을이면 만해기념관 경내의 뜰에서 들자회를 통하여 차 공양을 올리는 또 다른 차의 명소로소 자리 매김하고 있다.

원법 스님께서는 '홍매화 꽃이 흐드러지게 피었지만 스님은 선정삼매에 들어 있고 한바탕 소낙비가 지나가고 나니 차도 한결 맛이 맑아졌다'는 만해의 차(茶)시에 주목하였다. 차 맛에 취한 여산(廬山) 동림사의 혜원 법사는 누구를 전송하든 호계(虎溪)를 넘어선 일이 없었는데 도연명이 찾아와 전송하면서 담소(談笑)하다 그만 호계를 넘고 말았다. 그것을 깨닫고 함께 웃었다는 고사를 인용하여 차에 취한 정경을 차시로 그리고 있다. 맑은 차 맛 한 잔이 인생사 모든 번거로운 일들을 잊게 하고 삼매에 들 수 있는 시다. 만해 한용운 선사의 차시 즉사(卽事)는 풍경이 봄날의 따사로운 볕같이 향기롭고 고요함이 원범스님의 또 다른 마음이 되어 만해기념관 경내에 머무른다.

원법스님에 의하여 남한산성 만해기념관 경내에 세워진 만해 차 시비(2016.12.)

『한용운 전집』
보유 증보판 발행기

　『한용운 전집』은 1944년 6월 29일 만해 서거 후 심우장에서 유품을 정리하는 과정에서 많은 친필 원고와 발표, 미발표 자료가 나왔다. 이 자료를 정리하여 훗날 기회가 오면 만해 유고집을 만들기로 하고 수제자 남정(南丁) 박광(朴洸)선생이 수습하여 간직하던 자료로부터 그 싹이 트이기 시작하였다. 6·25동란 통에 분실될 위기를 맞았으나 잘 모면하고, 그 모든 자료를 만해의 제자인 경남 사천 다솔사에 계시는 효당(曉堂) 최범술(崔凡述, 당시 50대 중반)님에게 맡겨 놓았다. 이 소식을 접한 고려대학교 조지훈(趙芝薰) 교수는 1958년 여름방학을 이용하여 대학원 학생들과 다솔사에 들려 자료들을 확인하고 큰 수확을 거둘 것을 확신하고 기쁨을 감추지 못하였다. 단기간 안에 집중적으로 정리한 끝에 『한용운 전집』의 원고 정리는 사실상 그 이듬해인 1959년 2월에 끝을 맺었다. 그해 말 늦어도 1960년 봄까지는 햇빛을 보게 되어 있는 『한용운 전집』은 당초 통문관에서 펴내기로 되었다. 그런데 무슨 영문인지 『한용운 전집』은 나오지 않았다. 차선책으로 인권환, 박노준이 공저한 『한용운 연구』가 1960년 가을에 통문관에서 나왔다. 그 후 남정 박광 선생, 조지훈 교수도 불귀의 객이 되었고, 세월은 훌쩍 10년이 넘어 신구문화사(新丘文化社)로 1971년에 가서야 출판사가 변경되어 『한용운 전집』 발행 이야기가 다시 나왔다.

1973년 7월 5일 『한용운 전집』 전 6권이 세상에 나오자 한국대학생불교연합회와 협약에 의하여 보급 운동이 전개되었다. 비로소 만해 한용운 선사를 본격적으로 세상 밖으로 모시게 되었다. 범(凡)학계와 문단의 여러 인사, 그리고 여러 관점을 연구하는 '만해 붐'이 급작스럽게 일어나 빠른 속도로 번졌다. 그러한 움직임은 가속도가 붙어서 오늘에 와서는 만해학(萬海學)이라는 학명도 나왔다.

이와는 별도로 만해를 기리는 크고 작은 각종 행사가 매년 곳곳에서 거행되고 있다. 이런 모든 만해를 향한 열기와 관심의 토대는 『한용운 전집』이라는 사실은 부인할 수 없다.

신구문화사가 발행한 『증보 한용운 전집』 전 6권(1979.9.10.)

    이러한 큰 성과에도 불구하고 1973년 7월 5일 첫 출판이 이루어진 이후 새로운 만해 관련 자료가 나오고 전집의 잘못된 부분도 발견되어 바로 잡아야 한다는 의견을 수렴하게 된다. 만해 한용운 탄생 100주년 기념으로 증보 재판 발행 요청을 신구문화사는 쾌히 받아들여 만해사상연구회(대표 전보삼) 중심으로 새로 발견한 『불교한문독본佛敎漢文讀本』(1911), 『조선청년朝鮮靑年에게』(1929)를 비롯하여 십여 편의 글과 그 밖에 연보에도 몇 가지 새로운 자료를 증보할 수 있었다. 증보 재판인 『한용운 전집』도 신구문화사가 1979년 9월 10일에 재발간하였다.

『한용운 전집』의 1973년도 본과 1979년도 증보 재판의 경우 내용을 비교하면 다음과 같다. 『한용운 전집』 1권 초간본에는 보유 편이 없으나 재판본에는 보유 편이 들어갔다. 초판 발행 이후 새롭게 발견된 글들이다. 보유 편에는 동시, 논설, 수상, 기행문 등이다.

동시에서는 ①달님(391p), ②산 너머 언니(392p), ③용의 소도(393p) 등 3편이다. 논설문에서는 ①조선청년에게(395p), ②나의 감상과 희망(395p) 등 2편이다. 수상에서는 ①취식(397p), ②대(399p), ③한적잡고-(1)천(401p), (2)일(403p), (3)월(405p), (4)성한(星漢, 408p), ④나는 왜 중이 되었나(410p) 등이다. 기행 문에서는 ①명사십리행(413p) 등 13편이다.

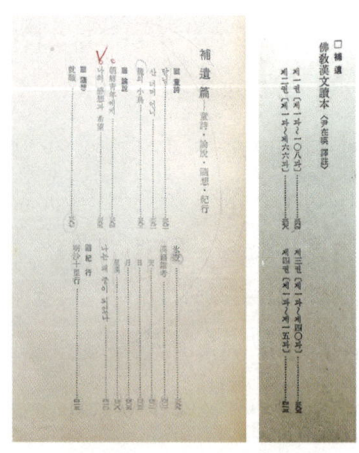

『한용운 전집』 증보판에서 보유된 목차(신구문화사, 1979.9.10.)

1979년도 증보 재판인 경우 『한용운 전집』 제2권 증보판에 추가된 부분, 즉 보유 증보된 내용은 다음과 같다.

불교한문독본(윤재영 역주) 제1권(제1과-108과, 364p). 제2권(제1과-제66과, 378p). 제3권(제1과-제40과, 395p). 제4권(제1과-제15과, 413p) 등이다.

『한용운 전집』 1973년도 본에 착오로 잘못 편집된 내용을 1979년 증보 본에서 삭제된 내용은 주로 1937년 3월부터 1938년 11월 1일 동안의 신 불교(新佛敎) 잡지의 권두언에 해당하는 자료로서 『한용운 전집』 2권에 소개된 글들이다.

기쁜 날 반가운 날(356p). 눈을 들어 멀리 보라(357p). 4월 8일(357p). 보살행(357p). 평범(358p). 겸손하는 마음(358p). 지나사변과 불교도(359p). 법에 의지하라(360p). 감사를 느끼는 마음(361p). 인격(361p). 지심여(持心如) 금강(361p). 협심(362p). 불교도의 권위(362p) 등 13편의 자료들이다.

이 자료들은 전집의 자료를 수집 정리하는 과정에서 정밀 검토 없이 잘못 판단된 자료들이다. 그러므로 수정 증보판에서는 삭제되었다.

『한용운 전집』의 내용이 삭제된 내용과 보유 편의 내

용으로 수정 보완 확장된 모습이 확연한 전집이 되었다. 그리고 새롭게 수정된 부분은 1권, 초간본에는 지는 해로 되어 있다가 재판본에는 잔일(殘日)로 바뀌었다.

1979년 만해 탄생 100주년을 기념으로 하여 『한용운 전집』 전 6권이 수정 보완 증보된 명실상부한 전집으로 재탄생되었다. 만해기념관에는 1973년도 판본 『한용운 전집』 전 6권과 1979년 보유 증보 재판본인 『한용운 전집』 전 6권이 나란히 전시되어 있다. 판본의 중요성과 출판 오류를 바로잡는 출판의 원칙을 확인한 『한용운 전집』 전 6권의 중요성을 다시 한번 일깨우는 자료로써 활용되고 있다.

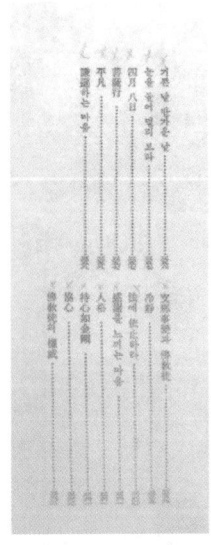

『한용운 전집』 2권 증보본에서 삭제된 내용

정본
『님의 침묵』 발행기

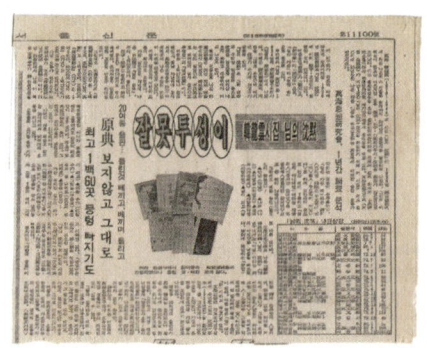

『님의 침묵』 기사 스크랩(서울신문, 1981.1.18.)

    1978년 만해 탄생 100주년 기념 논총을 발간하기 위하여 만해사상연구회를 발기 조직하고 서울 종로구 청진동 신구문화사 한 귀퉁이에 사무실을 개설(1979.3.)하여 분주한 나날을 보냈다. 하루는 여러 가지 자료를 검토하던 중 만해 한용운의 『님의 침묵』 시집이 판본에 따라 차이가 있음을 알게 되었다. 자세히 살펴보니 중·고등학교 교과서에서부터 시중에 유통되고 있는 『님의 침묵』에 이르기까지 상당한 오류가 있었다.

    도대체 이런 오류는 어디에 기인한 것이며 왜 발생하는지가 궁금해져서 『님의 침묵』 시집 판본 자료를 모으기 시작했다. 우선 먼저 시중의 유통분과 지금까지 나온 판본 자료를 모았다. 무려 48종의 『님의 침묵』의 새로운 판본을 당시에 모을 수 있었다. 모아놓고 보니 꽤 많은 자료였다. 고어(古語), 충청도, 강원도 방언, 맞춤법의 변천에 따라 표기법의 차이 등 활자의 변천에 따른 표기상 차이점, 오자 탈자, 착간에서 오는 오류가 심각한 지경이었다. 더욱이 석·박사 학위 논문의 만해 인용 시 자체가 잘못된 분석이 이루어지는 실정이었다.

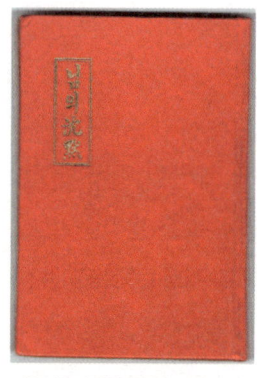

서울민족사에서 발행한 정본
『님의 침묵』(1980.12.20.) 표지

원전 『님의 침묵』(회동서관, 1926년 5월 20일 발행)은 한글맞춤법 제정(1934) 이전에 발행된 시집을 기준으로 한 편 한 편을 대조하면서 검토하였다. 잘 만들었다고 한 『님의 침묵』 시집의 경우 40여 곳에서 오자, 탈자, 착간이 있었고 심한 판본은 무려 160여 곳 이상의 오류가 있다는 사실을 알게 되었다. 이렇게 많은 오류가 발생하게 된 이유는 1970년 말까지 우리 출판계의 현실적 수준의 문제였다. 원전 중심의 출판이 이루어지지 않고 조금 팔린다 싶으면 그냥 베껴서 시집을 출판하는 데서 오는 부작용이었다. 오류가 오류를 낳고 그 오류를 그냥 또 베끼니 오류투성이 시집 『님의 침묵』이 유통되는 현실이 안타까웠다.

만해 한용운의 『님의 침묵』 원전인 회동서관 본은 한글맞춤법이 제정되기 이전 즉 1926년 5월 20일 판본이었다. 광복 이후 1950년 4월 5일 출판된 한성도서주식회사 본 『님의 침묵』은 그 당시의 맞춤법에 따라 하다 보니 많은 오류가 생겼음에도 아무도 그 사실 자체를 몰랐다. 60년대의 진명문화사본(1966.4.5.)이, 그리고 70년대의 정음사본(1973.7.25) 신구문화사 한용운의 전집의 『님의 침묵』(1973.7.25.) 등이 출판되어 나오기 시작하였다. 이 시집이 또 하나의 기준점이 되어 이것을 보고 베끼다 보니 잘못 투성이의 시집이 되어 엉망진창인 시집이 되어 버렸다.

우선 교과서의 오류 문제가 시급하여 교육부에 원전을 복제하여 오류를 잡아달라는 공문을 발송하였고, 시중의 유통분들을 모아 본격적인 자료 분석에 들어갔다. 시중 유통본의 내용을 검토한 결과 첫째, 한성도서본과 진명문화사 본이 하나의 계열을 이루었고 둘째, 정음사본에

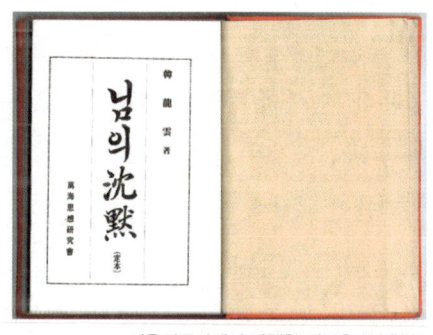

서울민족사에서 발행한 정본 『님의 침묵』
(1980.12.20.) 속표지

이어 셋째, 신구문화사 한용운전집 본이 기준이 되어 베끼다 보니 더 많은 오류가 있는 시집이 만들어지고 있었다. 그대로 둘 수가 없었다. 이 문제를 어떻게 하나 여러 날을 고민하던 끝에 원전 비평의 중요성을 지적도 할 겸 정본 『님의 침묵』을 출판하기로 마음을 단단히 먹고 작업에 착수하였다. 정본 『님의 침묵』 간행의 변(1980.12.20.)에서 필자는 다음과 같이 의지를 표명하였다.

민족 의지의 명확한 자각을 바탕으로 우리 역사의 사실과 현장에 정확하게 접근하고자 노력함으로써, 우리가 얻을 수 있는 기쁨을 민중 전체가 나누어 가져야겠다는 신념으로 『님의 침묵』 정본을 만든다. 선생이 남긴 한 권의 시집 『님의 침묵』의 초간본 발행 이후 아직까지도 올바른 정본이 나오지 않았음은 시문학계와 출판문화계에 중요한 문제점임을 자각하고 본 만해사상연구회에서는 1920년대 만해의 육성을 오늘에 재현해낸다는 의지로 많은 어려움을 극복하고 이에 『님의 침묵』 정본을 내놓는다. 민족의 전통을 소중히 간직하고 그것을 오늘에 계승 발전시켜야 함을 자각할 때 이 나라 이 민족정신의 일깨움이 되지 않을까 한다.

정본 『님의 침묵』 시집인지라 한 글자의 오자도 허용치 않는 시집 『님의 침묵』을 발행하기 위하여 네 번의 교정까지 마무리하고 대학원생을 동원하여 잘못된 글자 한 자를 찾아내면 1만원의 현상금을 걸고 다섯 번, 여섯 번의 교정을 보았다. 정본 『님의 침묵』을 원전의 형태와 가능한 동일하게 만들기 위하여 동대문 광장시장에서 비단 천을 사다가 수제로 배접하여 한 권 한 권을 정성스럽게 만들었다. 책 도락가라는 소리를 들을 정도의 정성과 노력을 기울여 최선을 다했다.

그리하여 완벽한 정본 시집을 만들었다고 자부하면서 출판을 했는데 한 글자의 오류를 발견하게 되어 재판에서는 바로 잡겠다고 결심하고 재판을 발행하여 놓고 보니 연판공(鉛版工)이 만해의 『님의 침묵』 시집 중 찬송의 시 제목을 건드려 찬송의 시 제목이 반쪽이 없는 시집이 되었다. 다시 3판을 펴내지 않을 수 없었다. 제대로 된 시집 정본 『님의 침묵』을 발간하기 위해 노력했던 시간들이 주마등처럼 뇌리를 스친다.

정본 『님의 침묵』은 서울 민족사에서 1980년 12월 20일 발행되었다. 너무나 벅찬 가슴에 중·고등학교 졸업식장에서 졸업선물로 정본 『님의 침묵』 시집을 선물로 주자고 식장을 누비며 목소리를 높여 보았으나 별 성과를 보지 못하였다. 서점에 비치하였는데 정가 2,000원에 공급하면 팔아서 2,000원을 돌려주는 줄 알았던 세상 물

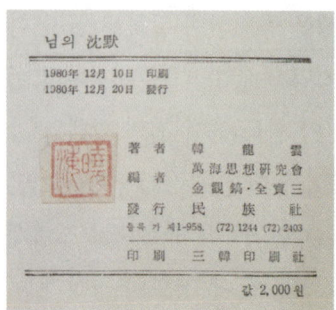

서울민족사에서 발행한 정본 『님의 침묵』
(1980.12.20.) 판권

정 모르는 철부지 생각이었다. 30%를 떼고 1,400원을 회수하게 되니 1,500원의 원가가 들어갔으니 팔수록 적자가 나는 시집이 되었다. 그래도 정본 시집을 내었다는 자부심과 오자를 바로 잡아야 한다는 일념으로 재판을 찍고 3판을 찍으면서 시집 출판의 어려움에 호된 신고식을 치렀다.

정본 『님의 침묵』은 하나의 기준 시집이 되어 그 이후 정음사, 한림출판사 등 『님의 침묵』을 발행하는 시집 출판의 원형 시집이 되어 기본서로서 정본 텍스트의 전형을 밝혀주는 기준 시집이 되었다. 그 이후 소월 시집 정본이 출판되었고, 『님의 침묵』 이본고(異本考)를 비교하는 3~4편의 연구논문도 나오면서 시집 출판의 조사, 어미 하나도 신경을 써서 출판되어야 한다는 경각심을 일깨운 쾌거로 남았다.

북향집 심우장에
만해기념관 문을 열다

　　1978년 3월 1일 서울 종로 청진동에 만해사상연구회를 발족했다. 1년 후인 1979년 만해 탄생 100주년 준비를 위해서였다. 그 재원은 1973년에 발간된 만해 한용운 전집의 증보 재판 발간과 판매 사업이었다. 100주년 기념사업의 종잣돈을 마련하는데 신구문화사의 이종익 회장님의 도움이 컸다. 그 재원을 바탕으로 만해 탄생 100주년 기념 논총 『한용운 사상연구』 발간(1980.6.29.)과 6월 29일 조계사 대강당에서 뜻있는 탄생 100주년 기념식을 만해사상연구회의 주관으로 무난하게 마무리할 수 있었다.

　　이 사업이 마무리될 즈음, 1968년 서울 상경 후에 가끔 들르던 성북동 심우장이 떠올랐다. 당시 심우장은 여전히 전셋집으로 운영되고 있었다. 그렇다면 이 집을 기

만해기념관 개관 전 심우장 모습(1970.)

념관으로 만들면 되겠다고 생각하여 당시 심우장의 세입자였던 지현이네를 설득하여 전세금 350만원을 내주고 만해기념관으로 꾸몄다. 상경하며 처음 가졌던 꿈을 10여 년 만에 성취한 것이었다. 만해 연구의 보금자리로 기념관을 심우장에 열었다는 감격과 벅찬 감회에 빠져 행복을 맛보면서 더욱 만해 연구와 기념관 관리에 정성을 들이기로 다짐했다.

1981년 10월 30일 드디어 심우장에 만해기념관을 열고 본격적인 활동을 시작했다. 1968년 2월 청운의 꿈을 안고 서울행을 감행하여 성북동 222번지 주소 하나 달랑 들고 찾아간 심우장에는 동국대 우정상 교수님이 살고 계셨다. '아! 그렇다면 나도 이 집에 살 수 있겠구나' 새로운 희망을 갖고 바라보던 심우장을 13년 만에 세 들어 기념관을 꾸밀 수 있는 행운을 맞이했다.

만해 한용운을 따르던 안국동 선학원 벽산 김적음 스님이 초당을 지으려고 마련하였던 북장골 송림 중 52평을 내어 드린 것이 발전하여 지금의 심우장이 되었다.

후학 동지들도 나중에 협찬하여 후일 52평의 땅을 더 매수 하여 지금의 100여 평의 땅에 17평의 심우장을 짓게 되었다. 총독부 청사를 마주보기 싫어 북향집이 되었다는 일화를 간직한 곳이다. 일제강점기 조국의 강토가 왜놈들에게 짓밟히는 뼈아픈 역사 속에서도 우리 민족의 혼을 간직한 조국의 땅이 바로 심우장이다. 여기 심우의 뜻은 '무상 대도(無上大道)를 깨치기 위한 집'이란 뜻으로 만해의 일생처럼 늘 공부하는 집이란 뜻이다.

심우장에는 만해가 손수 심은 향나무 한 그루가 그의 기상을 닮아 늘 푸르게 잘 자라고 있다. 심우장에서 만해는 유마경(維摩經) 원고를 번역하였고, 신문, 소설 잡지에 왕성한 집필 활동을 하였고, 찾아오는 많은 방문객

만해기념관 개관식(1981.10.30.)

에게 언제나 호의를 갖고 대하였다. 또한 나라의 장래를 걱정하는 청년들에게는 "조금도 실망하지 말게. 우주 만유에는 무상의 법칙이 있네. 절대 진리는 순환함이네, 다만 시간의 차이가 있을 뿐일세, 몸과 마음을 바르게 가지고 사람의 본분을 잘 지키면 자연히 다른 세상이 올 것일세." 하면서 자상하게 타이르시던 만해의 삶의 체취가 베어있는 곳이다.

심우장의 종횡 담을 남기신 해오 김관호 선생은 심우장의 내부를 다음과 같이 설명하였다. 현판의 심우장은 오세창의 글씨이고, 서재는 이당 김은호의 포대화상(布袋和尙) 서폭이 걸려있고, 일주 김진우의 죽화폭과 우당 유창환과 석정 안종원의 각 액자 서폭이 걸려 있었고, 장서는 불경 등 기타 합수 100여 권 정도 있었다고 회고했다.

심우장 만해기념관에서 『조선불교유신론』(1983.3.1.), 『한용운 사상연구 제2집』(1983), 『석전시초』(1983), 『석전문초』(1984), 『한용운시론집』(1984) 등을 발행하여 만해 사상 보급 운동을 활발히 진행했다. 망우리에 위치한 만해 한용운 묘역에 비석과 상석을 새롭게 정비하여 1982년 3월 1일 관계자 분들을 모시고 성대한 기념식을 치르면서 새로운 경험을 통하여 천하를 얻은 기분으로 원기 백배하기도 하였다.

심우장을 가꾸고 관리 유지하는 일이 쉬운 일은 아니었지만, 정성이 지극하면 하늘이 도울 것이라는 희망으로 열성을 다했다. 그러나 지극 정성이 모자랐는지 점점 관리 운영이 어려워지기 시작하였

만해기념관 개관 기사
(한국경제신문, 1981.11.3.)

다. '철모르는 아이와도 같은 일을 벌였다.'라는 생각이 들며 고민은 깊어지기 시작하였다. 깊어지는 고민 속에서 하루는 스치듯 지나가는 생각 중에서 혼자 고민하지 말고 서울시 당국자와 만나 상의하기로 마음먹고 시청을 방문했다.

문화재 담당자와 심우장 보존책에 대한 대화 중에 심우장을 문화재로 등록하자는 이야기를 조심스럽게 꺼내었다. 담당관은 서류를 제출해 보라며 권고했다. 그날 이후 심우장이 문화재가 되어야 하는 이유와 그에 대한 청원서 제출을 위해 종합적인 자료를 준비하여 제출하였다. 그러나 보기 좋게 부결되었다. 그런 사례가 없다는 이유와 집의 건축적 존재 가치가 낮다는 평가였다. 하지만 멈출 수는 없고 다시 도전하기로 마음먹고 서류를 더

보완하였다.

　이 나라 이 강토가 왜놈들에 유린당할 때 조선총독부를 보기 싫어 북향한 이 집, 조선의 우국지사들의 담론이 익어간 이곳 심우장은 조선의 혼을 간직한 우리의 땅임을 강조하였으나 또 부결되었다. 작전을 바꾸어 문화재 심의위원 개개인을 방문하면서 설득을 하였다. 지금의 기준과 안목으로는 문화재가 아닐지라도 훗날 반드시 문화재가 되는 그날이 올 것을 확신한다고 강조하였다. 그날이 오면 심우장 출입금지자 선포식도 함께 하겠노라는 협박 아닌 협박을 하여 3차 심의에서 드디어 심우장은 서울시 사적 제7호로 지정(1984.6.)되었다. 심우장은 개인이 살던 집이 문화재가 된 최초의 사례로 문화유적지가 되었고 성북구청에서 특별 관리하는 성북동의 명소가 되었다.

　3·1 독립운동 100주년이 되었던 2019년 3월 1일 또 다른 기적이 일어났다. 문화재청은 서울시기념물 제7호인 '만해 한용운 심우장'을 국가지정문화재 사적 제550호로 지정하였다. 심우장은 한용운의 독립 의지를 엿볼 수 있는 공간으로, 원형이 비교적 잘 보존됐다는 점에서 문화재로서 높은 평가를 받았다. 만해의 민족혼과 독립정신을 느껴보고자 찾는 사람들의 발걸음이 끊이지 않는 명소가 되었다.

대한민국 국가사적 제550호로 지정된 현재 심우장

　성북동 심우장의 만해기념관 시절은 영광과 좌절을 함께한 시절이었다. 사람이 방문하지 않아서 고민이었고, 또 다른 날을 10여 명만 와도 앉을 자리가 없어서 고민되던 시절이었다. 그러나 만해기념관의 운영을 개인이 책임지는 것은 한계가 있을 수밖에 없는 일이었다. 경영의 어려움을 안고 고심 끝에 이전을 결심하고 새로운 후보지를 물색하던 중 호국정신의 성지인 남한산성으로 옮기기로 마음을 정하게 되었다. 벌써 30년 전의 일이다.

남한산성 만해기념관
완공 이야기

　심우장 만해기념관의 관리 운영은 필자를 많이 성숙시켰다. 탐방객이 와도 고민, 오지 않아도 고민을 하던 시절이었다. 접근성 문제 때문에 탐방객이 오기가 쉽지 않다는 것이 고민이요, 어쩌다 단체 방문객들 10여 명만 와도 앉을 자리가 없어서 또 고민이었다. 탐방객이 와도 고민, 안 와도 고민이던 시절을 겪으며 떠올린 생각은 문화는 사람을 오라고 하는 것이 아니라 사람을 찾아가야 함을 알았다.

　그렇다면 사람이 있는 곳이 어딘가. 종로인가, 광화문인가, 그곳도 아닌 것이다. 그 사람들은 너무 바쁘다. 문화는 여유에서 나오는 것이기에 여유가 있는 사람을

심우장 시대의 만해기념관

찾아야 했다. 그리고 우리 속담의 이야기처럼 금강산도 식후경이다. 금강산은 문화다. 그 좋은 문화도 배고프면 소용이 없다. 배가 부르고 여유가 생길 때 문화의 향유가 일어난다. 그렇다면 어디가 좋은 장소인가?

많은 고민 속에 수도권에 사람이 모이는 곳을 찾아보았다. 자가용이 많지 않았던 시절 하나의 대안은 장흥 유원지였다. 교외선 열차를 이용하여 사람들이 모이는 장소이기 때문이었다. 그곳에는 1980년대 유명한 T 미술관이 있었다. 주말에 몰리는 미술관 주변은 꽤나 사람들로 붐비는 명소였다. 파리란 놈이 천 리를 어떻게 날아갈까? 혼자의 힘으로는 어림도 없다. 그러나 방법은 있다. 달리는 말꼬리에 붙으면 천 리, 만 리를 날아갈 수 있는 법이 있다.

　그렇다 문화를 향유할 사람들이 있는 곳 미술관 옆 기념관을 여는 것이다. 그리하여 집중적으로 살펴보니 땅값이며 건축비가 만만치 않았다. 그곳에도 기념관을 여는 것은 쉬운 일이 아니었다. '다른 대안은 없을까, 그곳이 어디인가.' 또 고민을 하였다.

　유럽 여행을 하면서 새로운 사실 하나를 발견했다. 그 지역의 문화적 역량의 총 집결지는 옛 성(castle)이라는 것이다. 옛 성이 있던 지역은 문화의 정수며 고급문화의 집결지라는 사실을 이해하였다. 중국의 만리장성, 일본의 주요 도시마다 천수각이 있는 지역 역시 고급 문화의 집결지라는 사실도 확인했다. 그렇다면 우리에게는 성이 없을까? 아니다. 우리에게도 민족의 자존성이 있는 남한산성이 있지 않은가. 그런데 남한산성은 치욕, 굴욕, 패전지라는 잘못된 오욕의 역사로 점철되어 있었다. 그것은 식민지 시대를 살면서 잘못 배운 식민사관이다. 그 잘못 인식된 때도 씻어낼 겸 민족자존의 성지인 남한산성으로 옮겨 앉기로 최종 결정하였다.

　1990년 5월 드디어 남한산성에 입성하였다. 처음에는 기존의 주택을 이용하여 소박하지만 알찬 기념관으로 꾸몄다. 그런데 주말에는 방문객들이 차차 늘어나기 시

남한산성에 공사 중인
만해기념관(1997.5.)

만해기념관 전경
(완공 1998.5.)

작하였다. 나의 예상은 적중했다. 더 과감한 투자가 필요하다고 생각하여 개포동의 아파트를 팔아 모든 역량을 이곳 남한산성에 집중하여 1997년 봄부터 터를 닦고 기념관을 짓기 시작했다. 1998년 5월 25일 남한산성에 현재의 만해기념관을 완성하여 재개관의 기쁨도 맛보았다. 존경하는 석주 스님, 월운 스님을 모시고 재개관을 나눌 수 있어서 한없이 기쁘고 자랑스러웠다. 비로소 내 마음껏 역량을 발휘할 수 있는 꿈의 공산인 만해기념관을 내 손으로 마련한 것이다. 그리고 정식으로 국가에 박물관으로 등록(문광부 등록번호 제243호)도 완료(2002.3.12.)하였다. (사)한국박물관협회에도 정식 회원으로 가입하였다. 박물관·미술관 진흥법이 요구하는 모든 조건을 갖추어 나갔다. 공공기관으로써 박물관 활동을 세상에 드러내놓고 할 수 있게 되었다. 비로소 온전한 불씨 하나를 안고 살아갈 수 있는 행운의 터전을 마련했다.

　　남한산성 주봉이 자리한 수어장대 아래, 행궁을 가

까운 거리에서 바라볼 수 있는 자리에 있는 만해기념관을 하늘이 점지하여 준 땅이라고 생각하며 가꾸고 또 가꾸어 나갔다. 명실상부한 사립박물관으로써 갖추어야 할 하드웨어에 해당하는 건물과, 소프트웨어인 콘텐츠는 어느 정도 갖추었지만 그래도 늘 어렵고 힘든 고난의 연속이었다. 사립박물관의 숙명과도 같은 경영의 어려움은 멍에와 같은 짐이었다.

정부의 정책적인 지원이 필요하였으나 원활한 지원은 요원한 일로 보였다. 그러나 무에서 유를 창조한 정신으로 경기도 박물관협의회를 창립하여 초대 상임이사로서 실무를 익혔고, 회장을 역임하면서 경기도에서 관심을 갖게 하기 위하여 박물관 지원 조례를 전국 최초로 통과시켜 경기도의 지원책을 이끌어 내기도 하였다. 한편 명목뿐인 한국사립박물관협회를 필자의 손으로 법인화를 시키고 회장을 역임하면서 사립박물관의 존재의 중요성을 문화체육관광부에 직접 설득하여 소기의 성과도 거두었다.

이러한 일들이 바탕이 되어 (사)한국박물관협회 6, 7대 회장을 역임하면서 박물관 행정의 중요성에 눈을 뜨게 되었다. 일련의 박물관 정책과 행정은 사립인 만해기념관 운영에도 많은 보탬이 되었고 사립박물관 경영이란 어떤 것인가를 체험으로 뼈저리게 느낀 세월이었다.

남한산성이란 국가 사적지를 배후로 한 만해기념관 활성화 방안은 이러한 경험의 바탕으로 빛을 발하기 시작하였다. 만해기념관이 뿌리를 내릴 즈음 남한산성 복원 정비기획단이 설립되어 초대 단장으로 활동하면서 산성과 행궁의 복원사업과 세계문화유산 등록을 추진하여 2014년에 비로소 남한산성을 세계문화유산의 반열에 올려놓는 성과도 거두었다.

만해기념관을 운영하면서 활활 다 타버리고 재가 되는 불쏘시개는 되지 말고, 불씨가 되어 영원히 타오르게 하는 문화운동으로 남아야 한다는 철학도 갖게 되었다.

2017년도에는 박물관 발전유공자로 대통령 표창도 받았다. 2019년에도 박물관 전시 유공자 표창도 받았다. 요즘은 만해기념관 유튜브(YouTube) 방송으로 시간을 보내며 땀 흘리는 즐거움, 늘 새롭게 도전하는 즐거움을 만끽하며 남한산성 만해기념관에서 행복한 나날들을 보내고 있다.

만해기념관의 활동 이모저모

나는 왜
만해기념관을 만들었나

1.
큰 인연으로 만난
만해 한용운

필자는 강원도 강릉에서 나고 자랐다. 어린 시절, 집 근처에 있는 강릉 포교당에 오가는 객승들로부터 불경과 산사 생활 이야기를 듣고 대화를 나누는 것이 매우 흥미로웠다. 중학생 때는 무슨 내용인지도 모르면서 '반야심경'[8]을 줄줄 외우게 되었다. 우리말 팔만대장경을 구매해 읽은 것도 중학생 때였다. 삶과 죽음, 윤회 등 궁금한 점이 생기면 객승을 붙잡고 끈질기게 물었다. 어린 학생이 이해하기에는 벅찼지만, 질문은 계속 늘어났다. 때로는 스님들이 당황할 정도로 집요하게 물어 강릉 인근의 사

---

8 반야심경(般若心經) : 당나라 현장이 번역한 것으로 260자로 반야바라밀다경의 요점을 간결하게 설명한 짧은 경전.

강릉포교당 관음사 전경(1963.)

찰과 오대산, 설악산에서는 '강릉포교당에 가면 질문 잘하는 당돌한 중학생이 있다'는 소문이 널 정도였다.

하루는 객승이 강릉포교당을 방문했다는 소식을 듣고 바로 찾아갔다. 그날도 어김없이 나는 궁금한 점을 질문했다. 객승은 "설명을 해도 알아듣지 못하면서 무슨 질문을 그렇게 많이 하느냐."며 "이 책을 열심히 읽으면 새로운 세상이 보일 거다."라고 하면서 걸망에서 책 한 권을 꺼내어 툭 건넸다. 그 책이 바로 만해 한용운의 시집 『님의 침묵』이었다.

망우리 만해 묘소에 둘러앉은 필자와 대불련 동문들(1972.5.)

시집에 실린 주옥같은 시를 매일 읽고 또 읽었다. 보면 볼수록 만해의 시에는 그동안 생활하면서 생긴 궁금증을 해소할 만한 내용이 다 들어 있었다. 『님의 침묵』을 읽으면서 '바로 이거야!'라는 생각이 들었다. 그때부터 만해 한용운에 더욱 관심이 커졌다. 만해를 만난 것은 큰 인연의 동아줄이었다.

2. 기념관 설립에 얽힌 사연

1980년은 만해 탄생 100주년이 되는 해였다. 이 의미 있는 해를 맞이하여 그동안의 만해 관련 자료를 정리하고 기념 100주년 논총집을 만들어야 한다는 생각이 간절하였다. 그리하여 1978년 5월에 만해사상연구회를 발족하였다. 만해 한용운의 연구 사업으로서 1980년 만해사상연구회 이름으로 국내외 논문 280편을 수록한 『한용운 사상연구』를 펴내어 문학 일변도의 만해 연구에 새로운 시각을 제시했으며, 그해 10월 15일 본격적인 만해 조명 사업을 시작했다. 시중에 시가 아닌, 만해가 말년에 기거한 성북동의 심우장을 세 얻어 자료를 전시하고 일부분을 복원해서 1981년 10월 30일 만해기념관으로 개관하였다. 16평씨리 작은 집이지만 천하를 얻은 기분이었다.

만해가 짓고 살던 심우장은 남쪽의 조선총독부에 등을 돌리고 앉은 북향집이다. 민족자존을 지킨 심우장에 만해기념관을 설립한 것은 그 의미만으로도 더할 나위 없이 탁월한 선택이었다. 그렇지만 찾는 이가 많지 않은 심우장을 지키고 운영하는 것은 쉬운 일이 아니었다. 접근성이 떨어져 사람이 오지 않아 걱정이었다. 10여 명 단체관람객이 오면 앉을 곳이 없어 또 고민이었다. 사람이 없어도 고민, 있어도 고민이라면, 많은 이에게 만해의 사상과 뜻을 전할 수 있으며 그 시설 또한 유지될 수 있는 곳이

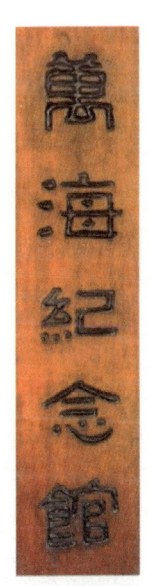

예초
김응현의
친필 현판
(1971.10.31.)

어디일까? 큰 고심 끝에 얻어낸 곳, 호국 성지 남한산성이었다.

남한산성을 찾는 사람이 연간 500만 명이니 그중 1%만 와도 5만 명은 되지 않을까? 기념관은 전문가만을 위한 공간이라고 생각하지 않았다. 전문가들은 세상 어디라도 필요하다면 찾아갈 것이기 때문이다. 그러나 일반 대중은 그렇지 않다. 만해를 전혀 모르는 사람들, 그런 다수의 시민을 대상으로 그의 사상과 철학을 전파하고 의식을 일깨우는 것이 목적이었다. 게다가 남한산성은 호국의 상징이며 삼학사(三學士)[9] 유적도 있어 정신적·문화적·역사적으로 뜻이 깊으니 더욱 적격이었다.

만해기념관은 남한산성으로 옮겨서도 7년 동안 전세살이를 하다가 25년 전인 1997년 5월 비로소 남한산성 만해기념관이 완공되었다. 2002년 3월 문화관광부에 '만해기념관'이 박물관으로 등록(제244호)되었고 본격적인 박물관 운동 또한 전개되어 많은 성과를 남기는 사립박물관이 되었다.

심우장에서
남한산성으로 재개관한
만해기념관(1990.)

---

9 삼학사(三學士) : 병자호란 때 중국 청나라에 항복하는 것을 반대한 세 사람의 학사 홍익한, 윤집, 오달제를 이르는데, 청나라 심양에서 끝내 굴하지 않고 저항하다가 순절한 선비 세 분이다.

3.
사립박물관
관장들의 삶

1) 불씨의 삶을 살아가는 사립박물관 관장들

과거를 통하여 현재를 사는 박물관인 만해기념관을 운영한 지 어언 40여 년이 되었다. 내가 좋아서 내가 즐거워서 내가 잘 할 수 있는 일이라고 생각해서 열정으로 살았다. 열심히 하면 행복하게 살 수 있다는 신념으로 오늘에 이르렀다. 박물관을 개원하던 초기에는 의욕만 앞서고 현실 물정을 몰라 좌충우돌하기도 했다. 지금은 이 길에서 영원히 걸어야겠다는 소망이 더욱 절실하다.

박물관은 단수 문화가 아닌 복수의 문화, 즉 함께 어우러져서 만들어 가는 문화다. 다중이 힘을 모아 함께 가는 문화이며, 그러므로 한 사람의 문제가 아니라 지역사회 전체의 문제요, 시민사회 문화향유권의 문제다. 그러나 여전히 일부에서는 너희가 만들었으니 너희가 다 알아서 하라고 말한다. 유물이 개인의 소유라면 과거의 것이요, 개인의 것이다. 하지만 유물이 박물관에 오면 현재가 되고 공유물이 된다. 즉 공공재라는 사실이다. 뮤지엄은 과거가 아닌 바로 지금, 현재의 문화이며 영원한 현재 진행형의 문화다. 박물관은 과거를 통하여 현재를 사는 즐거움 속에 머문다.

2) 불쏘시개가 아니라 불씨의 삶을 추구하며

만해기념관은 자기가 좋아서 문을 열었고 자아실현의 장소로 알고 최선을 다해 왔다. '어떻게 일을 할 것인가?'에 대한 끝없는 화두를 가지고 살아왔다. 박물관 설립자의 심정을 딱 한 글자로 꼽으면 장자가 즐겨 쓴 '놀 유(遊)'가 되어야 한다. 다시 말해 유유자적하고 즐겁게 노니는 장소다. '유(遊)'는 일을 하지 않고 먹고 노는 것이 아니다. '어떻게 일을 할 것인가?'를 고민하는 답에서 '유(遊)'가 나왔다. 즉 놀 유(遊)는 놀다, 즐겁게 지내다, 여행하다, 자적하다. 등의 뜻이 함축되어있다. 박물관 자료를 바라보고 있으면 마음이 굉장히 편안해진다. 행복하게 느껴진다. 그게 자연스러운 거다. 인위적이지 않다. 다시 말해 유유자적한 즐거움이다. 사립박물관 설립자들 삶의 미학 절반 이상을 차지하는 게 바로 이 '유(遊)' 유유자적하게 노니는 삶을 살아가고 있는 존재들이다. 그것이 새로운 시대를 앞서서 개척하고 있는 존재들이다. 일을 '워크(work)'가 아니라 '플레이(play)'로 하는 존재가 사립박물관 설립자들이다.

사립박물관 설립자들은 일에서 자기만족도 찾고, 보람도 찾고 있다. 그들은 어떤 사람인가? '행복한 사람'이라고 답해야 한다. 세상 사람들 대부분이 '의사', '변호사', '교수', '정치인'이 되어야 '성공한 사람'이라는 식으로 답하지만, 사립박물관 설립자들은 진정한 '행복한 사람'들이다. 인생의 참 이해를 통하여 올바른 길을 가고 있는 것이다. '어떤 사람이 되고 싶은가?', 다시 말해 '어떻게 살고 싶은가?' 4차 산업혁명 시대가 동트는 길목에서 사립박물관 설립자들은 장자의 '놀 유(遊)'자를 생각하며 사는 사람들이다. 우리는 모두 이 물음을 실천하는 사람들이다.

사립박물관 설립자들의 소명 의식은 타고 없어지는 땔감이 아니라 불씨다. 불씨는 끝없이 전해져 이어진다. 사람들은 다들 '무언가'가 되려고 애를 쓴다. 그게 땔감, 즉 불쏘시개의 삶이나. 땔김은 디고나면 재가 된다. 재는 허무다. 사립박물관 설립자들은 불쏘시개 인생이 아니라 불씨의 삶을 살아가는 존재들이다. 콘텐츠는 영원히 남아 있기 때문이다. 그게 '유(遊)'할 때 빛을 발한다. 다시 말해 '워크(work)'가 아닌 '플레이(play)'를 통한 자아실현을 추구하는 행복한 사람인 것이다. '자연의 결'을 따라서 살 때 사립박물관 설립자로서의 행복이 그 속에 있다. 기념관 운영 40년의 기쁨이 그 속에 있어 행복하다.

6장

대한민국 건국 최고훈장 "대한민국장"

대한민국이
만해 한용운에게
헌정하다

대한민국 건국 최고 훈장
'대한민국장'

　1981년부터 10월 31일 드디어 서울 성북동 심우장에 본격적인 만해기념관을 개관하였다. 1968년 2월 청운의 꿈을 안고 상경하여 서울 지리도 모르면서 성북동 222번지 주소 하나 달랑 들고 찾아간 그 심우장이다. 당시에는 동국대 우정상 교수님이 전세로 살고 있었다. 그렇다면 나도 이 집에 언젠가는 전세 살 수 있겠구나. 새로운 희망을 갖고 바라보던 심우장이다. 드디어 13년 만에 심우장에 전세 들어 만해기념관을 꾸밀 수 있었던 행운을 맞이하였다.
　심우장에 만해기념관을 개관(1981.10.31.)은 하였지만 이렇다 할 전시물이 별로 없었다. 그동안 필자가 준비한 몇 점의 자료들 뿐이었다. 다방면으로 자료의 수집 정리와 수탁을 의뢰하였지만, 쉬운 일이 아니었다.

만해에게 추서된 대한민국건국공로훈장 대한민국장(훈기 번호 제25호)

어느 날 문득 한 생각이 떠올랐다. 만해에게 추서되었다는 대한민국 건국훈장 대한민국장(훈기번호 제25호)이 여기 있으면 더욱 빛날 것 같은 생각이 들었다. 만해 한용운에게 대한민국 건국공로훈장 대한민국장이 추서된 것은 1962년 3월 22일이었다. 당시 국가재건 최고회의 송요찬 수반(首班)의 이름으로 추서되었다. 건국 공로 최고 훈장 '대한민국장'을 추서한 부서가 정부의 총무처(현 행정안전부) 상훈과라는 것도 알게 되었다. 수혜자는 한용운의 따님인 한영숙 여사가 유족으로 받았다는 사실도 확인했다. 지금까지 이 훈장을 수여 받은 사람은 30명 밖에 없다는 사실도 알게 되었다. 귀하고 귀한 훈장이라는 사실이있다.

한영숙 여사님에게 연락드리고 한걸음에 혜화동 집으로 달려갔다. 그러나 이 훈장은 한영숙 여사가 종로 혜화동에 살 때 화재를 만나 화마 속으로 사라졌다는 사실에 크게 실망만 하고 발걸음을 쓸쓸히 돌려야 했다. 만해기념관을 심우장에 개관하고 나서 전시물이 부족한 현실에서 더욱 간절히 바라던 유물이 아니던가! 안타깝고 안타까운 일이었다.

그러던 어느 날 번개같이 한 생각이 떠올랐다. 바로 정부 중앙청 총무처 상훈과를 방문하였다. 상훈과 담당관을 만나 성북동 심우장을 만해기념관으로 개관한 이야기며, 당시의 신문 보도 자료를 보여주면서 지금 기념관에 추서된 훈장이 있어야 되겠다는 사실을 설명하였다. 수여된 훈장이 화재로 소실되었다는 이야기를 부언하면서 간곡히 설명드렸다.

담당관은 이런 사례가 없었다며 잠시 기다려 보라고 했다. 잠시 후 상훈과 주무관은 과장을 모시고 왔다. 나는 다시 간절한 소망으로 만해 한용운에 추서된 훈장이 필요하다는 이야기를 설명하였다. 이야기를 다 듣고

만해에게 추서된 대한민국건국공로훈장
대한민국장(훈기 번호 제25호 정장)

난 후 과장님 역시 재발급에 관한 이런 예는 아직까지 한 번도 없었다고 했다. 하지만 어떤 다른 사례와 절차가 있는지 살펴보겠으니 좀 더 소상한 사유와 자료를 문서로 제출하면 검토를 하겠다는 이야기를 듣고 물러 나왔다. 큰 수확이었다. 중후한 인품에 넉넉하고 자애로운 과장님이란 인상과 문제의 서광이 빛날 것 같은 예감이었다. 그날 이후로 필자는 백방으로 자료를 정리하여 훈장 재발급에 대한 청원서를 제출(1982.3.1.)하였다. 지성이면 감천이라더니 달포쯤 지난 후에 총무처로부터 1차 회신이 왔다. 그 내용의 간곡한 청원 내용을 근거로 상훈심사위원회에 상정하기로 결의하였다는 사실이었다. 한마음 지극한 정성은(一心至願) 하늘도 감동시킨다는 옛 어른들의 말씀을 다시 가슴에 새기며 간절히 기도드렸다.

한 달 정도가 지난 후 총무처 상훈과로부터 전화가 걸려 왔다. 오늘 심의위원들의 전체 회의에서 만해 한용운에게 훈장을 재발급하기로 최종 결정이 났다는 이야기를 전하여 주었다. 그리고 수일 내에 공문을 정식으로 발송할 것이니 확인 후 세부적인 절차에 따라 재발급을 받으라는 결과였다.

하늘은 무심하지 않다는 사실을 확인하게 되어 기뻤다. 필자는 우편물이 언제 도착하나 그날 이후로 집배원 아저씨만을 기다렸다. 드디어 집배원 아저씨기 건네준

만해에게 추서된 대한민국건국공로훈장 대한민국장(훈기 번호 제25호 약장)

공문서에는 재발급 확정을 통고하면서 정부는 예산을 중복 지출을 할 수 없기 때문에 수탁자가 자비로 국고 금고인 농협 중앙청지점에 예치하라는 내용이었다. 그 금액 60여 만원 정도는 82년 당시에는 큰 금액이었지만 필자는 즉시 그 금액을 국고에 입고시켰다. 그리고 3개월을 기다렸다. 대한민국 건국훈장 최고등급인 대한민국장은 수제로 제작되는 관계로 여러 날이 걸린다는 사실도 알게 되었다. 드디어 3개월이 지나고 총무처 상훈과로부터 훈장을 수령하라는 통고를 받고 중앙청 총무처 상훈과에서 수령하여 고이 간직하고 돌아왔다.

심우장으로 돌아와서 보고 또 보면서 '만해 한용운에

게 국가가 해 줄 수 있는 결과물이 이것이구나' 생각하였다. 만해 한용운 자신이야 이 훈장을 받으려고 한 것도, 받은 것도 알 수 없을 것이다. 하지만 이 훈장은 후학들의 자긍심으로 남아 기념관을 찾는 많은 이들에게 감흥을 일으키는 매개물로써의 역할을 할 것으로 믿는다. 오늘도 만해기념관을 찾는 탐방객들에게 만해 한용운의 나라 사랑 정신을 배울 수 있는 마중물이 되어 탐방객들을 기다리고 있다.

만해한용운 선사 진영

7장

대담 - 전보삼(만해기념관장), 박정진(차의세계 편집주간)

체·상·용(體相用)으로 본 만해 자료 수증기

대담
전보삼(만해기념관장), 박정진(차의세계 편집주간)

　　국내 박물관장 중에 공·사립박물관장을 두루 경험한 관장은 없다. 전보삼 만해기념관장은 공립박물관인 경기도박물관장(2015년~2017년)을 역임함으로써 박물관 경영과 관련된 일이라면 누구보다 해박한 인물이다. (사)한국박물관협회회장(2009년~2015년)을 거쳐 현재 (사)한국문학관협회회장(2016~)에 재임 중이다. 그리고 문학 진흥법에 제7조에 근거하여 설치된 문학진흥정책위원회 위원장직도 수행하였다. 그는 또한 남한산성을 유네스코세계문화유산으로 등록시키는 데도 일등공신이었다.

　　전 관장은 본지에 지난 2017년 12월호부터 본지에 2020년 6월호까지 30회에 걸쳐 만해기념관 자료 수증기('스토리가 있는 다향선미')를 연재하여 절찬리에 마쳤다. 그동안 연재를 통해 유물 수집과 관련된 애환과 어려움과 의

지를 털어놓았지만 못다한 뒷얘기와 한국인의 문화의식에 대한 견해와 전망에 대해 들어보았다.

문 : 그동안 집필하느라 수고가 많았습니다. 자신이 좋아서 하는 일이긴 하지만 유물 수집을 비롯해서 물심양면으로 온갖 어려움을 겪게 되는 사립박물관장님들의 고충과 실태를 이해하는 좋은 기회가 되었습니다. '님의 침묵' 초판본 수증기를 필두로 해서 '정선강의 채근담'에 이르기까지 2년 반 동안 연재를 마친 소감은?

답 : 시간이 무척 빨리 지나갔습니다. 매달 한 꼭지씩 글을 쓴다는 게 만만치 않은 일이었습니다. 덕분에 저도 옛일과 자료의 가치를 회고하는 좋은 기회가 되었습니다. 모처럼 생각을 집중하는 기회도 되었습니다. 만해 스님의 자료를 수집하는 것이 주목적이었지만 그런 과정에서 자료를 모으다 보면 자연스럽게 방계자료도 수집하게 됩니다. 뜻밖에 '효당(曉堂)의 차시병풍'을 비롯해서 다른 소중한 자료도 얻는 기회가 되었습니다. 요즘은 관련 자료도 만만치 않아서 유물과 유품을 정리하여 다른 사립박물관의 특별전을 여는 데도 도움을 주고 있습니다.

문 : 『님의 침묵』 초판본을 입수하는 과정을 비롯해서 수

증기를 읽으면서 흥미진진했습니다. 우리 문화에 대한 각별한 사랑과 집념이 없이는 절대로 사립박물관을 운영할 수 없다는 생각도 들었습니다. 여러 이야기가 많았지만 역시 만해 스님과 불교와의 인연이 뜻깊었습니다. 마치 만해와 불교를 위해 태어난 듯한 인상마저 들었습니다.

답 : 제가 불교를 접하게 된 인연을 지금도 감사하게 생각하고 있습니다. 제 고향이 강릉입니다. 60년대 강릉은 인구가 10만이 채 안 되었고, 사람들의 왕래도 많지 않았습니다. 그때는 설악산이나 오대산을 가려면 강릉에서 하루 묵고 가야 했습니다. 강릉은 영동지방 여행자의 베이스캠프 역할을 했어요. 그땐 여관도 많지 않아서 공부를 좀 한 유식한 사람들은 선교장이 사랑방이었습니다. 특히 금강산을 가는 시인 묵객들은 대개 이곳을 거쳤습니다.

당시 강릉에는 포교당이 있어서 스님들은 이곳을 거점으로 모이고 흩어졌습니다. 1921년에 건립된 포교당은 금강산 유점사, 건봉사, 월정사가 공동투자해서 세운 근대식 불교 포교당이었어요. 강릉 시내 한복판에 오천 평 되는 넓은 터를 가진 포교당은 유점사가 주로 돈을 대고, 건봉사가 교육을 책임지고, 월정사가 인력을 지원하는 식으로 운영되었어요.

차의 세계 인터뷰 1

문 : 당돌한 질문을 하는 '골치 아픈' 중학생으로 스님들 사이에 유명했다면서요.

답 : 그랬습니다. 저도 모르게 불교에 대해 궁금증이 많아서 참을 수 없었어요. 중학생 나이에 '반야심경'을 줄줄 외웠고, 『우리말 팔만대장경』을 구매해서 읽을 정도였지요. 그렇지만 도대체 불교의 진리를 알 수가 없었어요. 그러던 차에 어느 스님이 던져 준 『님의 침묵』 시집을 읽고 또 읽으면서 불교가 이해되기 시작했던 것 같아요. 그게 만해 스님과의 인연의 출발이었습니다.

문 : 본래 불교의 세계와 시인의 세계가 통하는 점이 많은 까닭이었겠지요.

답 : 저는 님의 침묵에서 지금도 '님'보다는 '침묵'의 의미를 설명하곤 합니다. 거꾸로 '침묵'을 알아야지 '님'을 알 수 있다는 것이지요. 침묵은 소리 없는 무수한 말이지요. 미국 유학을 해서 커뮤니케이션 분야

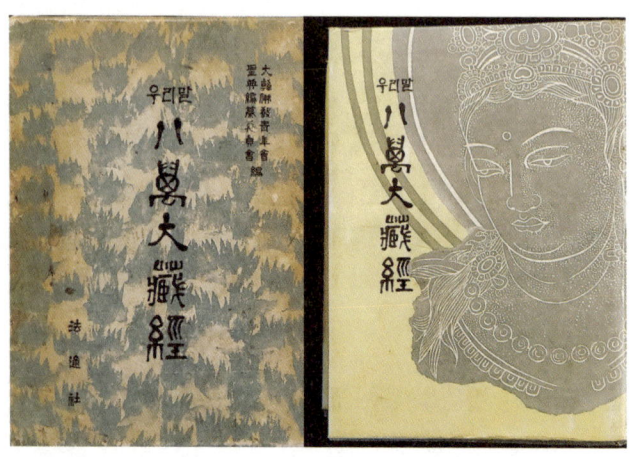

중학생 때 도전하였던 『우리말 팔만대장경』(1963.6.8.)

를 전공한 후배에게 '침묵'을 주제로 논문을 쓰게 해서 박사학위를 받게 한 경험도 있습니다.

'님은 갔습니다.' 이게 색즉시공(色卽是空) 아닙니까. 모든 물질적 형상들은 존재했다가 다 사라지는 것이니, 색즉시공이죠. '님은 갔지만 나는 님을 보내지 아니하였습니다.' 이게 공즉시색 아닙니까. 그렇게 대입해보니 반야심경이 이해되더라고요. 그때부터 '님의 침묵'과 만해 스님에게 필(feel)이 꽂혔지요.

문 : 어릴 적부터 불교와의 인연도 만만치 않았던데요.
답 : 중학교 2학년 때 강릉포교당 중등부 학생회장을 했어요. 그때 벌써 목탁도 잘 치고 염불도 잘하고, 스님들이 하는 것이면 모두 잘했어요. 강릉 포교당에

서 '보리수'라는 신문을 만들었는데 그곳에 '한용운의 생애'를 연재하기도 했어요. 아마도 한용운 연구에서 초기자료일 것입니다.

문 : 심우장(尋牛莊)과의 인연은 어떻게 출발했습니까.
답 : 70년에 한양대학교 화공과에 입학했습니다. 당시 서울에 올라올 때 세 가지 실천사항을 메모해 왔습니다. 첫째, 망우리 공원 공동묘지에 가서 '만해 묘소'를 찾을 것, 둘째, 성북동 '심우장'을 찾아볼 것, 셋째, 강석주 스님을 만날 것이었습니다. 그중에서 쉬운 게 강석주 스님을 만나는 거였어요. 삼청동에 가서 스님에게 인사드리고 만해에 관한 이야기를 자꾸 질문하니까 이것저것 알려주면서 나보다도 만해를 직접 모셨던 분이 계시니 직접 찾아가라고 알려주었는데. 그분이 해오 김관호 선생이었어요.

문 : 결국 만해 스님에 대한 관심이 모든 일을 만들었군요. 해오 선생을 만난 뒤 효당 스님을 만났습니까.
답 : 해오 선생을 찾아갔습니다. 해오 선생이 또 이야기를 몇 마디 해주셨는데 그게 성에 차지 않았어요. 내가 만해 스님의 관련 자료 이야길 자꾸 하니까 그건 니한테는 없고 진주에 있는 봉명산의 다솔사 효당(曉堂)에게 있으니 찾아가라는 것이었어요.

차의 세계 인터뷰 2

문 : 심우장과의 인연도 50년이 넘었지요.

답 : 심우장은 만해 스님이 말년을 보낸 집입니다. 남쪽에 자리한 조선총독부에 등을 돌리고 지은 성북동의 북향집으로 지금은 국가문화재(사적 제550호)가 되었습니다. 68년 당시 심우장에 세를 들어 살 수 있다는 정보(동국대 우정상 교수가 세 들어 살고 있었음)를 얻고 ROTC 장교 전역 후 5년 뒤에 소원을 이루었어요. 이곳에 세를 얻어 만해기념관(1981년 10월 30일)을 개관했지요.

문 : 만해 연구에 관해서는 전 관장님을 넘어서는 사람이 없다고도 하고, 후학들이 만해 연구를 하려면 관장님의 자료 신세니 조언을 듣지 않으면 안 된다고 하는 소문이 자자하던데요.

답 : 평생 만해와 더불어 살다 보니 그렇게 된 것 같습니다. 대학에 진학하기 전에도 통문관에서 박노준, 인권환이 쓴 『한용운 연구』라는 책이 있다는 소식을 접하고 바로 통문관에 편지를 보내서 그 책을 샀지만, 한문으로 된 책이어서 한문은 못 읽고 한글만 읽는 경험도 있어요.

고등학교 2학년 국어 시간에 교과서(65년) 첫 장에 한용운의 '알 수 없어요'라는 시가 실렸는데 급우들이 저를 지목하며 "한용운은 보삼이 한데 물어보면 된다."고 선생님에게 요청하는 바람에 시를 해설하지 않으면 안 되는 난처한 지경에 빠졌던 적도 있어요. 그때에도 나름대로 1시간 동안 혼신의 힘을 다해서 해설한 덕택에 선생님으로부터 칭찬을 받았던 기억도 납니다.

아무튼 만해 한용운 자료가 있다고 하면 어디든지 찾아가서 구하는 수집광이었어요. 한양대 화공과에 다니면서도 한양대학교 불교학생회를 만들어 초대 회장을 했고, 대불련(한국대학생불교연합회) 전국대의원 의장도 맡아서 동분서주했습니다. 72년 대불련 주최 전국대학생 불교학술대회에서 '칼 융의 정신분석학과 선불교'(이 원고는 나중에 세종대학의 전신인 수도여자사범대학 교지에 실렸다)를 발표하기로 했는데 마감하기 전날, 춘천을 갔다 오다가 원고를 분실해서 부랴부

랴 급조해서 '만해의 민족주의 사상'에 관한 글을 원고 없이 즉석 발표했는데 최우수상까지 받은 기억도 납니다. 나중에 알고 보니 고 홍정식 교수가 논문 내용에 깜짝 놀라면서 최우수상을 주었다더군요. 그때 질문이 가장 많았던 학생이 나중에 동국대 교수를 역임한 김상현 교수였어요.

부총리를 지낸 조순 박사께서 제가 반야심경을 잘 외우고 하니깐 기특하게 여겨서 조순 박사가 스즈키 다이세츠(鈴木 大拙)의 선불교 관련 책(An Introduction to Zen Buddhism)을 나에게 선물해준 것도 잊을 수 없는 추억입니다. 칠보사 법사를 맡은 공로로 강석주 스님으로부터 『불교 대전』이라는 책을 선물 받은 것도 잊을 수가 없습니다. 백골난망이었습니다.

문 : 대학재학 시절에도 많은 활동을 했지요.
답 : 만해 스님 동상 건립하려고, 『한용운 전집』 판매 총책을 맡아서 그 성과를 냈습니다. 당시 통도사의 경봉 스님께서 신도들에게 불전 시주 대신 책을 사도록 해서 큰 은혜를 입었습니다. 경봉 스님께서도 사미 시절에 통도사 강원에서 만해 스님의 화엄경 강의를 듣고 크게 감동을 받았다는 사실을 뒤에 알게 되었습니다. ROTC 장교 전역 후 79년에 '만해 탄신 100주년 기념 논총'을 만들었고, 『한용운 전집』

도 증보 재판했습니다. 만해는 원효 이후에 가장 큰 스님이라고 생각합니다.

문 : 효당 스님을 만나면서 한용운에서 차로, 관심을 넓힌 셈이 되는군요.
답 : 효당 스님과의 인연으로 이어진 덕분에 차(茶)와의 인연도 생기고, 한국 근대 차인에 합류하는 계기가 되었어요. 한국차인연합회의 말석에 참가하게 되었어요. 더욱 특별한 것은 저의 삶의 체상용(體相用)이라고 할 수 있는 것이 바로 여기서 자리 잡기 시작했어요. 불교와 만해가 체(體)라면, 차는 상(相)이고, 차그릇은 용(用)이 된 셈이지요.

문 : 효당 스님과의 만남은 어땠어요.
답 : 다솔사는 당시 한국문화의 대표적 인물로 알려진 국학자 김범부(金凡夫)선생을 비롯해서 의재(毅齋) 허백련(許百鍊) 화백 등 수많은 시식인, 그리고 뜻있는 승려들이 다녀가는 명소였습니다. 한국의 근대 차 문화도 여기서 싹트기 시작했어요. 효당은 서울에 올라오시면 3·1로 입구에 있던 제헌동지회관에 묵으면서 나를 꼭 불렀어요. 다솔사에 가면 늘 차 마시는 효낭 스님을 보았어요. 그게 70년도였어요. 그때 차 도구란 게 없어서 간장 종지로 차를 먹었어

요. 당시 효당 스님은 청나라 찻잔과 청화 백자 한 세트를 가지고 있었지만 보여만 주는 거였어요. 효당이 우려 주는 차를 3박 4일 먹으니까 처음엔 씁쓸했던 게 점차 먹을수록 향과 의미가 더해지는 것이었어요. 그걸 받아먹으면서 만해 공부를 했고, 자료도 봤어요. 평소 원효를 흠모해서 자신을 소(小) 소성거사(小姓居士)로 부르면서 자신의 당호도 효당(曉堂)이라고 지은 효당이 저에게는 효해(曉海)라는 이름을 지어주었어요. 효(曉)자와 만해의 해(海)자를 합한 이름이었지요. 원효로부터 만해까지 공부하라는 뜻이었어요. 효당사를 만나면서 저의 철학이라고 할 수 있는 체상용(體相用)이 자리 잡은 계기가 되었어요.

문 : 세상에 알려지지 않은 에피소드도 많을 텐데요…….

답 : 1978년에 만해사상연구회를 만들어서 활동할 때였어요. 만해와 관련된 시집과 책들을 정리하던 중 『님의 침묵』 시집이 48개 판본이 있었고, 맞춤법과 띄어쓰기도 다 달라서 통일했던 기억이 납니다. 그래서 님의 침묵의 시 원본을 복사해서 교육부에다 고쳐 달라고 요청했어요. 토씨가 틀린 것도 적지 않았어요. 그래시 '빨간 비단에다 정본 텍스트' 님의 침묵을 만들어 보급했어요.

님의 침묵 초간본은 78년에 처음 고서 경매장에 선을 보였어요. 알고 보니 이 책은 팔려고 했다기보다는 상징적인 책이 하나 있어야 사람들의 관심을 모을 것 같아서 전시한 것이었어요. 아예 안 팔려고 시세보다 10배가 넘는 가격을 붙여놓았던 것인데 소장자를 알아 놓고 나중에 1년 동안 돈을 모아서 당시로서는 거금이라고 할 수 있는 50만원을 주고 구입했어요. 당시 교수 월급이 10만원도 안 됐어요.

문 : 몇 해 전에 만해 스님의 차시도 발견하지 않습니까.
답 : 만해 스님의 차시는 별로 알려지지 않았어요. 그런데 스님의 한시를 읽다가 차시 네 수를 발견해서 그걸 지상에 처음으로 발표했지요. 아마 80년대 일겁니다.

문 : 차와의 인연에 대해서 좀 더 설명해주시죠.
답 : 차와의 인연은 효당 스님에 이어 경봉 스님과의 인연도 크게 한몫 했습니다. 경봉 스님은 70년대에 염다래(拈茶來, 차 다려 와라)로 다와 선을 겸하는 선다(禪茶)로 이름을 날렸던 시절이었지요. 만해 전집의 일로 해서 경봉 스님을 자주 문안드리면서 시자인 명정 스님과도 친하게 되는 바람에 결과적으로 한국 근대 차 문화 운동에도 관여하게 되었어요. 차는 주

종이 아니었지만 자꾸만 끼게 되더라고요.

한국 근대 차 문화는 역시 다도 정신으로는 효당을 꼽을 수 있고, 차의 제다와 법제는 의제 허백련 선생, 그리고 차의 원전 자료와 도구는 응송(應松) 스님을 들 수 있을 것 같아요.

문 : 남한산성에 만해기념박물관을 새로 구상한 까닭은?
답 : 대학을 졸업하고 ROTC 장교 전역 후 81년도에 비로소 350만원의 셋돈을 마련해서 우선 사랑방(만해가 살던 방)을 사용하는 걸로 하고 심우장에 들어갔어요. 그 밑에 가건물을 만해기념관의 사무실로 쓰면서 일 년을 보냈어요. 전체를 만해기념관으로 개관한 것은 81년 10월이었어요. 당시에는 박물관이 뭔지 미술관이 뭔지 그런 개념도 없는 시절이었어요. 기념관이 좁아서 사람이 와도 걱정이고, 안 와도 걱정이었어요. 교통이 불편하여서 찾는 사람이 적었지만 어쩌다가 단체로 10명이 오면 앉을 데가 없어 고민이었어요. 심우장이 문화운동 하기엔 정신은 좋고 뜻은 좋지만 현실적으로 문제가 있구나! 파악하고, 적당한 장소를 물색하던 중 남한산성에 자리를 잡았지요. 남한산성은 일반에 잘 알려져 있고, 산성을 찾는 사람들의 10%에게 만해 스님을 알려도 성과가 좋을 것이라고 생각했습니다. 90년에 여기

로 옮겨왔는데 벌써 30년이고, 지금 남한산성의 본 건물인 기념관을 지은 지가 벌써 26년이 됐네요.

문 : 차그릇과의 인연도 적이 않았던데요.
답 : 차 이야기 좀 더 하면, 다솔사를 왕래하면서 의제 선생님도 만나 뵙고 나중에 무등산 자락에 있는 춘설헌까지도 가 보았어요. 그 후 ROCT 장교로 군대에 가게 되었을 때 당연히 전방 어딘가에 갈 줄 알았는데 영등포의 관구사령부에 배속되었어요. 서울 시내와 외곽 중 택할 것을 요구했어요. 그래서 남들이 싫어하는 외곽지역을 택했던 것이 경기도 이천(利川)에 배속되었어요. 그 덕택에 이천의 도자촌(陶瓷村) 장인들을 만나는 계기가 되었어요. 틈만 나면 여러 유명 요(窯)도 방문했는데 찻그릇을 만드는 곳은 광주요(廣州窯)밖에 없었어요. 광주요는 재일교포가 했기 때문에 차를 알았어요. 그렇지만 우리 전통 찻잔이 아니라 일본 찻잔이었어요. 그때 고유섭의 고려청자란 책을 읽고 도자 미학에 대해 관심이 있었던 터라 우리 전통 찻잔의 개발에 눈을 뜨기도 했어요. 이천 가마에서 찻그릇을 만들면 전량 일본으로 수출하는 것이었지요. 국내에도 보급되기 시작한 것은 한참 지난 후였어요. 일본 사람들은 '다완'을 '자왕'이라고 했어요. 이천의 도공들도 자왕 이라 불

차의 세계 표지

렀어요. 그래서 내가 자왕이 아니고 우리 이름인 다완으로 부르자고 하였어요. 그 이후 우리 모두 다완(茶碗)이라 부르게 하였어요.

해강(海剛) 선생님에게 찻잔을 만들자고 제안했고,

처음으로 독자적인 디자인으로 차 도구를 만들기 시작했어요. 당시 해강청자연구소에서 처음 생산한 초기 다호(茶壺)와 잔들이 지금 저희 집에 있어요. 당시 해강 선생의 아드님이신 유승열이 손으로 주물럭거려 만든 찻그릇이었어요. 내가 효당 스님을 모시고 해강 선생님을 찾았어요. 두 분은 청자 다완과 휘호를 서로 선물하고 차 문화 운동을 실천했어요. 그게 1977년이었어요. 전보삼(全寶三)이라는 이름이 새겨진 찻그릇도 있어요.

내 이름이 들어가고 우리 집사람 이름이 들어가고, 77년도에 결혼 기념 선물로 찻잔 다섯 개를 해온 것이 지금도 집에 보관 중입니다. 지금부터 47년 전의 일이었어요.

문 : 오랫동안 좋은 얘기 들려주어서 감사합니다.

답 : 덕분에 제 삶을 잠시 되돌아보고 회고하는 뜻깊은 시간이 되었습니다. 고맙습니다.